U0593308

高考热点作家

深度还原考场真题，感受语文阅读题的魅力
一书在手，阅读写作都不愁

辋川
尚静

朱 鸿／著

中国出版集团有限公司

世界图书出版公司
上海 西安 北京 广州

图书在版编目（CIP）数据

辋川尚静 / 朱鸿著 . — 上海：上海世界图书出版
公司 , 2024.4
　（高考热点作家 / 李继勇主编）
　ISBN 978-7-5232-1027-7

　Ⅰ . ①辋… Ⅱ . ①朱… Ⅲ . ①阅读课—中学—教学参
考资料 Ⅳ . ① G634.333

中国国家版本馆 CIP 数据核字（2024）第 035922 号

书　　名　辋川尚静
　　　　　Wang Chuan Shang Jing
著　　者　朱　鸿
责任编辑　魏丽沪
出版发行　上海世界图书出版公司
地　　址　上海市广中路 88 号 9-10 楼
邮　　编　200083
网　　址　http://www.wpcsh.com
经　　销　新华书店
印　　刷　天津市天玺印务有限公司
开　　本　700mm×1000mm　1/16
印　　张　14
字　　数　174 千字
版　　次　2024 年 4 月第 1 版　　2024 年 4 月第 1 次印刷
书　　号　ISBN 978-7-5232-1027-7/G・837
定　　价　39.80 元

版权所有　翻印必究
如发现印装质量问题，请与印刷厂联系
（质检科电话：022-82638777）

前　言

随着语文考试内容的改革，阅读的重要性逐渐凸显出来。近年来阅读题的比重在高考考试中不断加大，阅读内容也越来越丰富，天文、地理、历史、科技等均有涉及；同时，体裁呈现多样化，涵盖散文、戏剧、小说、新闻等。文章涵盖面越来越广，意味着对学生阅读能力的要求越来越高。所以我们应该清晰地认识到，阅读能力的高低直接影响分数，如果阅读能力不过关，那么考试成绩肯定不会理想。

"读不懂的文章，做不完的题"一直是中学生面临的难点和困境。这就要求学生不能停留在过去的刷刷考卷、做做练习题，或是阅读一两本课外书的阶段，而是要最大限度地提升阅读能力，理解文章作者和出题人的意图，只有让学生进行大量有针对性的阅读，才是最切实有效的方法。

语文知识体系的构建和语文素质的养成，既需要重视课堂学习，又需要重视课外积累。那课外积累应该怎么做呢？高质量的课外阅读是非常有效的，这已经成为提升学生"综合竞争力"的有效手段。因此，我们策划出版了"高考热点作家"课外阅读丛书，为广大中学生提供优质的课外读物。

这套系列丛书共8册，每册收录一位作者的作品，选取了该作者入选省级以上高考语文试卷、模拟卷阅读题的经典作品，以及该作者未入选但适合中学生阅读的作品，帮助学生扩大阅读面，对标高考。书中对每篇文章进行了赏析、点评和设题，能够助力学生阅读，有利于提升学生的文学素养、答题能力和答题速度。

本系列丛书收集了在国内高考语文试卷阅读题中经常出现的8位"热点作家"高亚平、乔忠延、王剑冰、王必胜、薛林荣、杨献平、杨海蒂、朱鸿的优秀作品。这些"热点作家"入选高考语文试卷阅读题的作品多以散文为主，他们的作品风格多样，内容丰富，但都具有很高的文学价值和浓郁的时代气息。这些作品不仅对中学生阅读鉴赏能力和写作水平的提升有促进作用，还对中学生的生活和学习具有启迪和指导意义，我们相信这套丛书会受到广大师生的喜爱和欢迎。

　　新高考背景下的语文学习，阅读要放在首要位置。事实上，今后的高考所有学科都会体现对语文水平的考查。不仅是语文试卷增加了阅读题的分量，其他学科也越来越注重对学生阅读理解能力的考查。提升阅读能力是一项任重道远的工作，重在培养兴趣，难在积累，贵在坚持。只要持之以恒，一定会有意想不到的收获。

目录
CONTENTS

第三辑　故国神游

第四辑　至情世界

第五辑　在文化中生活

▶作家带你练

▶名师带你读

第一辑　向往

所有人都时刻站在一个能够给他人以帮助的点上，所有人都会遇到需要他人帮助的时刻，也许一臂之力就足以让他人梦想成真！一臂之力，实际上蕴藏着慷慨与伟大！

作家带你练

【2020—2021 学年天津实验中学滨海学校高三（上）月考语文试卷】
阅读下面的文字，完成各题。（15分）

辋川尚静

①辋川是一个长长的峡谷，王维曾经在这里居住。

②辋川确实很静，一条河流，两岸青山，仅仅是这种结构就区别了乡村的小巷和城市的大街。那里的人烟总很稠密，但这里却稀疏得忽儿便融化在风云之中了。点点房屋，筑在岩石之侧，并不容易发现。

③我到这里来没有什么明确的目的，只是为了感觉一下辋川的气息。倘若这是目的，那么我以为这目的潇洒而苦涩，这就是味道。司机将我拉入辋川的深处，收了使他满意的钱，兴奋地驾驶着他的三轮车走了。辋川一下子归于沉寂，孤独的我，望着在河床滚动的白水，竟觉得恐惧，这恐惧没有对象，只是这里的空，这里的无声无息。

④王维栽种的银杏，挺立在雨后的河岸，树皮满是裂纹的粗壮的主干，被水淋成了黑色。从它的叶子上流下的水，继续洗濯着树皮。它实在是老了，呈现着一种挣扎的状态。它已经在辋川生长了千年之久。风云掠过它高高的枝头，小而圆的叶子将水刷刷地摇落着，

我看到，那叶子翻动得忽白忽绿，晶莹如迸溅的水花。这样葱茏的叶子，生长在几乎腐朽的枝头。那奇崛的枝头很多都像烧焦的干柴，触之就会掉灰，然而我由此也知道了生命的顽强。年迈而伟岸的银杏，压得我十分渺小，仰望才可以看到它的全貌。

⑤时间早就将王维在辋川的别墅摧毁了，幸运的是，支撑某个柱子的扁圆的石墩，竟穿过层层的岁月而保留下来，而且完整地放在银杏旁边。那些湿漉漉水汪汪的苔藓，锈住了它的每条皱纹和每个斑痕。

⑥秋天的雨顺利极了，仿佛云微微扭动一下它就有了。辋川的雨是明净的，线似的，一根一根拉到峡谷，但雨却空得它无声无息。山坡上的红叶，渲染在碧翠的草丛，颗颗青石，则架在杂树的根部，危险得随时都会滚落，然而蒙蒙的雨送给它们一层薄薄的梦，梦悬在辋川的山坡上。王维一定见过这样的梦，甚至入过这样的梦，不然，他的诗画怎么那样惟妙惟肖，有声有色！

⑦四十岁的王维做了左补阙。恰恰是这个年纪，他开始迷恋山水，来往于朝廷与辋川之间。他既做官员，又当隐士，往返于人类斗争与自然情调的两极。朝廷的险恶，伤害着他的心；辋川的美妙，却给他的心以慰藉。他便是如此生活的。王维这样的生存状态，是他最智慧最实际的选择，也是他无可奈何的选择。以王维的气质，他不能完全陷入官场的名利之争，同时以王维的经历，他也不能彻底寄情辋川的田园之乐，他必须两者兼顾，这样他就得到了入世的好处而屏弃了入世的坏处，同时避免了出世的苦处而感到了出世的乐处。在入世与出世之间，存在着一个广阔的地带，他奔走其间。人似乎只能这样生存，不然，完全媚俗与完全脱俗，都可能导致深刻的痛苦。

⑧雨中的辋川并不知道人的思想，它只是自然而然地呈现着它的状态。秀峰沉默，乱石相依，雨悄悄地缝合着万物。秋风过处，衰柳飘荡，黄叶旋飞。曲折的路径，流水扬落，浅草明灭。松、柏、杨、槐之类，高高低低，互相掺杂，组成了绿的森林，并覆盖着辋

川的沟沟坎坎。偶尔一树柿子，落了肥叶，唯红果占据枝头。白水流过幽深的峡谷，遇石而绕，触茅而漫，柔韧地走过河床。

⑨唯有达到王维的境界才能理解王维，但我没有。我只感觉，自然如我面前的辋川，社会如我身后的市井，都有美的一面，都能给我以享受。

⑩雨中的银杏是那样独具风采，它的圆润的树叶像打了发蜡似的明滑，辋川强劲的风反复地翻动着它们，但银杏的树身却牢固地埋在土中，风怎么吹它也不动。这是辋川最古老最高贵的植物，水汨汨地流过它黑色的树皮。王维种植的银杏，成了他在这里生活的主要标志，然而，它终究要倒下的，留下的，将只有辋川。

（选自《中华散文精粹·当代卷》，有删节）

1. 第③段作者说"我到这里来没有什么明确的目的，只是为了感觉一下辋川的气息"，通观全文，作者感觉到的"辋川的气息"包括哪些内容？

_____

_____

2. 结合文中第⑦段画线语句，回答下列问题。（4分）

（1）"最智慧最实际"是指_____。

（2）"无可奈何"是指_____。

3. 第⑩段结尾处说"它终究要倒下的，留下的，将只有辋川"，这句话有什么含义？（4分）

_____

_____

4. 举例说明本文是如何将写景和抒情有机结合在一起的？（6分）

_____

_____

舒放的日子

作者作为土生土长的西安人，其散文往往充满了浓郁的地域文化气息，《舒放的日子》也是如此。作者从回忆上学前挠猪、养猫、抓鸟、撵兔等趣事；到小学时抽猴、打嘎、摔跤、滚铁环等传统项目以及走村窜门、分享食物等乐事；再到上中学后的羞涩；最后表达作者对童年自由快乐生活的怀念和对当代孩子失去探索自然和自由玩耍空间的遗憾之情。

算起来一生中最喜悦的日子应该是在大学，不过比大学更美的日子还是五岁到十二岁的时候。

那时候我在乡下，在少陵原上。

没有进小学，心就野了，希望摆脱父母的束缚。

我还好，父亲在工厂，一个星期回家一次，而母亲则忙得天昏地暗，爷爷奶奶便无法管住我。完全是肆意的日子，自由的日子。

看到邻居养猪，翻江倒海地闹着，也要母亲买猪，不过是想趁着喂食之际，给猪抓痒。先抓颈，再抓腰，手慢慢地移到肚子上，抓着抓着，猪便陶醉似的侧卧在地，做梦了。养猫，逗它捕捉蝴蝶、纸团或乒乓球。养狗，张开其嘴，抚摸其温热的舌头。用弹弓瞄准栖在树枝上的麻雀狠狠射出土块，打下来，若是活着，用线扎翅膀，放在地上驯而弄之。也会站在谁的肩膀上，跷起脚，硬挣着毁巢取卵，①<u>惹得成群结队的麻雀愤怒地抗议和悲哀地哭泣</u>。撵兔，往往是在收割小麦以后，一声呐喊，农户就变成了猎户。宁静的田野，骤然紧张。生产队的男社员除了老者，几乎全体出动，狂追其兔。虽然知道自己不可能获得，我也要跟着跑。一旦发现墙角或椽间结着马蜂窝，兴奋至极，到处呼朋唤友，起哄着扔瓦片，扔砖头，砸而不中，便操起木棍捅，②<u>马蜂飞过来，几乎要落到头上和背上，一边扑打，一边骏奔，遂在叔叔婶婶的惊呼之中逃过一劫，真是十分的刺激</u>。

穿梭于天地之间，不过那时候还不理解它的伟大和神奇。

农民套着马犁地，明锐的铧钻进去，黄土便翻到两边。黄土翻着翻着，遂形成一条向前慢慢延伸的沟渠。一晌下来，就犁半亩，一天下来，就犁一亩。几个把式一齐上阵，金盆一带的百亩地便犁完了。农民把种子播下去，几日之后就是青翠的麦苗。辄想随犁抓一把黄土，或是掘出黄土里的种子看一看，难免受到呵斥，

❶ 运用拟人的修辞手法，"愤怒""哭泣"将麻雀人格化，生动形象地写出了麻雀被毁巢取卵后无奈的情态，突出了小孩子们的调皮捣蛋，反衬了童年无拘无束的生活。

❷ "几乎"是写马蜂差一点儿就落到了头上和背上，再加上"惊呼"一词，将被马蜂袭击时的惊心动魄展现得淋漓尽致。

然而这有什么呢？顷闻崖塌了，妇女流泪，而男社员则匆匆用手刨着黄土。蓦然见人浮出黄土，闭着眼睛，仿佛死了。对其水沟穴按下去，掐，再掐，他遂苏醒了。一再跟着送葬的队伍往茔地去，看棺材如何吊至墓坑，推至墓道，之后如何用黄土利索地封填，堆起一个坟头。一个人或约上几个伙伴在田野割草，也充满乐趣。凡是不长庄稼的坎上、梁上或垅上，都长白蒿、蒺藜和狗尾巴草，这是黄土的慷慨。

夏日的下午，正在场里捉迷藏，忽然电闪雷鸣，我和几个伙伴还未跑到村子，雨便大如瓢泼，劈头盖脸。不过刚刚换了衣服，就发现一道彩虹从东至西，沿着终南山悬挂着。冬日虽然狂风扫叶，尘埃劲吹，不过仍会半遮着眼睛，看树枝断裂，柴门猛撞。下雪了，少陵原上一片宁静，仿佛黄土及其生长着的麦苗全睡了。爷爷也禁不住，奶奶也挽不住，根本不怕冷，坚持出门，往田野里有坡的地方去踏雪。

小学一年级还怯生，三年级以后混熟了，便发现同学之间是一个风味十足的世界。[1]那时候作业少，老师总是在下课以后，于黑板的一角留两道题或三道题，无非是为了巩固知识而已。也没有什么奥林匹克数学竞赛班或别的什么补习班，完成半页纸的作业就剩下玩了。

所有的项目都很传统，抽猴、打嘎、滚铁环，还有怼仗、摔跤、掰手腕。锻炼了身体，也培养了感情。感情可能是积极的，偏向亲爱；也可能是消极的，偏向怨恨，这也无妨。

那时候各家各户都不设防，串门遂天天发生。班上有 32 个学生，我无不跨其槛，入其屋，浏览他们的

[1] 这里采用对比的手法，将作者小时候和现在小学生的情况进行对比，表达了作者对无忧无虑、轻松快乐的童年时光的怀念。

贫穷，也阅视他们的温馨或生分。交游女同学，开始是糊里糊涂的，渐渐地也便羞涩了。男同学，当然无所顾忌，甚至恼了还会打架。不仅在生我养我的焦村串门，因为认识了邻村的同学，也会串门至邻村。

并没有多少信息要交流，也没有什么计划要沟通，十岁左右，常常是在沉默的空隙出现一句或两句简单的叙事。①我会分享出半块馍，偶尔会分享出一颗糖。同学分享出的往往是红苕，树上的枣子或柿子。

每家每户都是土墙、土灶和土炕，吃饭就端碗蹲着吃。如果有爷爷奶奶，且不能劳动了，他们会静静地坐在房檐下。难辨他们的家庭关系，偶尔会碰到一个妇女坐在窗子里纳鞋底或缝衣服，并不招呼我。黄昏不降临，鸡就在院子转来转去，啄食虫子。碰到夫妻拌嘴或妯娌吵嚷，也不回避我。我和同学要自己的，不知道什么念头一闪，也会一起串门寻找别的同学。几年下来，不仅熟悉了焦村三个队的所有巷子，也熟悉了通往邻村的小路，小路两边的白杨树或绚丽的晚霞。

1973年春节以后，我上杜陵中学了。五个班的205个学生集合起来，接受校长的训诫。一个女生还戴着红领巾，遂遭到另一个女生的讥讽，说："你以为自己还小啊，中学了！"女生红着脸，急忙解下红领巾，装进自己的口袋里。②我忽然意识到，前后左右的同学都变得有一点儿凝重了。

我曾经一再咀嚼那些舒放的日子，虽然没有像当代的孩子这般孜孜于书本学习，所掌握的书本知识显然也颇为贫乏，不过置彼此于广阔的人生背景，到底孰强孰弱还不可轻率论定。吾辈通过自己的体验区别了人类和动物，并充满感情地建立了人类与动物应该

① 半块馍、一颗糖、红苕、枣子、柿子都是极为普通的食物，然而正是这些简单平凡的食物在孩子们中间传递，体现了孩子们的淳朴、大方，并享受分享的快乐。

② 这里表明大家已经失去了那种无忧无虑的童年时光，不得不面对成长，从侧面体现了作者对童年时光的不舍。

有的一种关系。吾辈降临于这个世界，就生活在自然之中，大地的形势与星空的深邃，是看见了，听见了，而且把对自然的感受永久地留在了灵敏的手指上和脚掌里。吾辈从小就在人际之中，不怕人，不远人，是因为一直就没有离开人，也没有任何伤痕使自己要疏弃人或拒绝人，虽然过去也有矛盾和冲突，不过人际总之是健康的。

更重要的是，吾辈始终保持着对事物的兴趣，求真也已经变成了一种生活方式，所以吾辈的知识一直处于积累状态。不仅如此，吾辈还努力使知识增值，这就是保持思想的活力。

① 也许没有那些舒放的日子，吾辈的心理已经疲惫不堪，精神也已经萎靡不振。若如此，何以建设人生并享受人生！

❶ 作者在文章最后表达了自己在现实生活中的无奈和对舒放的农村生活深深的怀念之情。

延伸思考

1. "舒放的日子"是指什么？

_____

_____

2. 赏析下面加点词的表达效果。

（1）凡是不长庄稼的坎上、梁上或垅上，都长白蒿、蒺藜和狗尾巴草，这是黄土的**慷慨**。

_____

_____

（2）我忽然意识到，前后左右的同学都变得有一点儿凝重了。

_____

_____

3. 文章开篇第一段为什么要先写"最喜悦的日子应该是在大学"？

_____

_____

生活的快与慢

名师导读 ▶

　　快和慢是两种不同的生活节奏，不同的社会阶段，人们生活的快慢节奏不同，改变生活节奏的原因也不同。作者紧扣"生活的快与慢"这一主题，论述了从远古时代、农业时代、工业时代，到今天的科技时代的不同阶段，人们不同的生活节奏，且重点讲述了科技社会中，人们匆匆忙忙的生活状态，甚至很难休闲的现象。

　　①生活坐在时间的船上，本是匀速向前的，无所谓快与慢，因为地球如何自转，如何公转，并不厚此薄彼。然而有的人，甚至是一个时代的人，举国且全民，总是觉得时间紧张，终其日月年，匆匆忙忙，手足失措，常呼累死了，累死了。卒以生活之快而不知道生活的美，遂反其思，希望生活慢一点儿，以在从容之中提升生活的质量。

　　生活之快完全是物竞天择所导致的。科学技术是

❶ 文章以比喻句开篇，将时间比作一只匀速前进的船，化抽象为具体，突出了时间原本就没有快与慢的情况，为后文谈论过快的生活节奏做铺垫。

11

打入人和自然之间的楔子，它也把人从自然之中分离出来，使人丧失了自在和自得。工业化加速了生活的节奏，甚至人变成了机器的一个部分。全球化、信息化，缩短了人与人的距离，尤其人不得不处于一定的组织之中、集体之中、工作链之中、社交链之中，从而空间局促，呼吸沉闷。① 在这种背景下，人难免呈奔跑状，从一个考场赶到另一个考场，从一个会场赶到另一个会场，从一个饭场赶到另一个饭场。

生活之快有时候也是必需的。② 逃避地震、海啸或雪崩，当然要快；扶伤救命，也要快；捉贼攻敌，赛车打球，都要快。然而把要求生活某个辖区之快延伸到整个领域，把要求生活某个细节之快扩充到整个层面，这便使人焦躁。被动或强迫的生活，便烧煳了生活原本蕴含的喜悦，成为病态。

快生活使社会跃进，这在中国尤其突出。高速公路、高速铁路、巨大且豪华的飞机场、汽车之潮、狂风掀海般的楼群，及其既不见尾又不见首的城市化，都是快生活孵化的。当然社会之跃进也蒸发生活的余暇，让人窒息。快生活潜藏着深不可测的危机，包括人的心理障碍。快生活是否能够通向安全的未来，这是一个问题。希望快生活慢下来，此乃肉体与精神共同的诉求。

越是远古，生活越是散淡和舒缓。也许慢生活效率低下，然而恰恰是慢生活避免了人为的毁灭。慢生活不但把人安全送到了今天，它还贡献了丰厚的遗产。埃及的金字塔，希腊的卫城，意大利的竞技场，法国的巴黎圣母院，中国的都江堰、大雁塔、碑林（西安），都是慢生活的创造。老子骑牛入函谷关，进终南山，

① 连续使用三个相同的句式形成排比，增强了文章的节奏感，突出了人们匆匆忙忙的生活现象。

② 列举逃避地震、海啸、雪崩等自然灾害和救死扶伤、捉贼攻敌等例子，生动形象地说明生活中人们并不需要一味求快。

才得出了关于道与德的思考。孔子坐牛车周游列国，遂有仁之政，礼之用，并在以后为董仲舒所发现，弄成一种刚健的意识形态。李白和杜甫慕长安而来，怨长安而去，一边在山川大地上体验着，一边在大地山川间吟咏着，春润秋爽，风清月白，遂有唐诗之正峰。若李杜及其同道熙熙而来，攘攘而去，那么唐的文章何存！达·芬奇的绘画，米开朗基罗的雕刻，康德和黑格尔的哲学，贝多芬的音乐，也无不是慢生活孕育的。重要的还是，慢生活保证了大气、环境和食品的安全，使人类生生不息，郁郁不衰。

人是自然之子，慢生活是循自然之轨建立起来的。在石器时代，人以采集和狩猎生活。春天出洞，到沟沟坎坎去寻寻觅觅，也活动筋骨。夏以果熟，秋以兽肥，遂不辞辛苦，攀树围岗，甚至会夜以继日，因为错过了这些日子冬天就有饿死之虞。冬天到了，雪白冰坚，草木萧条，厥土一片僵硬，人遂穴居以保。过渡到了农业时代，人以耕植而生活。[①]春暖则种，夏热则长，秋丰则收，冬冷则藏。在上万年以来的漫漫岁稔，中国人是靠天吃饭的，是依赖自然的，其生活秩序是以自然之变化形成的，并应和着自然。循自然之轨建立起来的慢生活，也应和着人的脉搏与心跳，所以慢生活符合人的天性。日出而作，日入而息，欲狂欢便秉烛夜游，睡觉以自醒为妙，慢生活多么让人向往！

混混沌沌，蓦地抬头，竟身陷快生活的旋涡了。快生活也是从慢生活而来的，给其加速的是工业化。全球化和信息化，也为燃烧的快生活添了柴。快生活的特点是，人反复看钟表，甚至钟表上的秒针和分针指挥着人。凡人，不管少壮，不管男女，皆在时间幽

❶ 连续使用四个句式相同的短句，增强了文章的节奏感和音韵美，同时也突出了农业时代人们以耕植为主的生活方式。

暗的隧道里拥挤。真是不爽，不惬意，然而谁也无法阻拦快生活的激流。

快生活固然大浪滔滔，不过人还是可以使自己慢一点儿，甚至昂然成为生活的欣赏者、享受者，否则须臾鬓白，一朝老且退，临终是会后悔的。我也并无好的方法，只不过喜欢解放自己而已。① 实际上我仍处于快生活的推搡之中，但我却拒做丧家之犬，终日恓恓惶惶，茫然不知道何方是归路，更拒做断头苍蝇。

我以为言语之劳口，钱财之劳脑，案牍之劳形，皆可以放一放，② 可以向苏轼学习，吹水上之雄风，照山间之柔月，因为这是谁也难以圈占的。收藏几件古玩，或经常阅览一下古迹，它们都是历史之窗，可以借之返望艰辛的来路，人会释怀的。凡此种种，无不能够使生活变得软一点儿，并慢下来。愿有感应的人不妨一试。

当然，我的策略多少有一点儿复杂，那些终日碌碌之人根本无法体验。我想到了俄罗斯作家契诃夫，有一次，他在西伯利亚考察，碰到一位中国人，见其喝酒一小口一小口地抿着，还把杯子递过去让他喝，喟叹中国人懂礼，尤其掌握着生活的艺术。要善于放弃，用减法生活，便是中国人在如是时代最合适、最对症的艺术。1998年以前我便这样看，现在更是这种观点。总之，把要做的事情削一半，一天要做完的用两天做。

天下之人匆匆忙忙，为了什么呢？③ 浮士德由于有魔鬼帮助，要学问得学问，要权得权，并终于得其一种理想的生活：自由的人在自由地劳动。生活若江河，他怕如此崇高之境转瞬即逝，便说："停留一下吧，你多么美啊！"遗憾他对魔鬼有承诺，一旦得其崇高

① "推搡"一词用得非常巧妙，"我"处于快生活的推搡之中，即并不是自己愿意如此生活，而是被生活使劲地推着向前，表达了"我"内心的无奈和对慢生活的向往。

② 作者提出向苏轼学习，欣赏大自然、收藏古玩、阅览古迹等，是用具体的例子告诉人们该如何让自己慢下来，暂时脱离快节奏的生活旋涡。

③ 作者在文章结尾以浮士德为例，说明了普通人想要获得成就只能一刻不停地拼搏，展现了普通人在现代化快节奏生活中的无奈与辛酸。

之境,他便颓然而倒。何以耳闻自由的人在自由地劳动,浮士德便逝世呢？我还不明白。不过有两种人,也像浮士德一样希望生活永驻,一是热恋的人,一是当了皇帝的人。不过他们都不具浮士德的伟大,尽管也是可以理解的。生活滚滚,愿人幸福!

延伸思考

1. 文中"混混沌沌,蓦地抬头,竟身陷快生活的旋涡了"一句有何作用？

_____

_____

2. 作者列举了古今中外众多领域的物质和精神遗产,有何作用？

_____

_____

3. 作者提出了哪些方法可以让自己慢下来生活？除此之外,你还有哪些"慢生活"的方式？（列举三个）

_____

_____

独 行

名师导读 ▶

俗话说"读万卷书不如行万里路",作者围绕着这一观点写下了《独行》一文。在文中,他先写自己爱好写作,接着讨论读书与行路的必要性,再提出自己喜欢独行,然后进一步写独行的好处与快乐,最后写独行的危险与意义,突出了独行者为了追求心中的"大乐"而敢于去冒险,独自闯荡的勇气与魄力,令人佩服。

❶ 列举了想参军、打乒乓球、演电影等大多数普通人都曾想过的梦想开篇,引起读者的共鸣,激发了读者的阅读兴趣。

①在我年轻的时候,也有志而立,曾经想参军,想打乒乓球,还想演电影,扮演一个侦察的角色,可惜这些念头一个一个都像钻进了沙漏之中,无不流失,终于选择写作。我总以为自己颇受上天的眷顾,因为写作变成了我所快乐的生存方式,我的命运。

是写作带动了我的读书,也激发着我的行路。实际上在古代中国,对于一个士,一个君子,读万卷书与行万里路,是人生的两个方面,缺一有憾。书上的知识,固然是知识，要进取不能不在书上学习，然而路上的知识也是知识，甚至是更重要的知识，从而在路上学习便特别必要。书上的知识能活人，也能死人，但路上的知识却不但可以使人活，而且可以使人富于智慧。依我的体会，路上有日月星辰，山川河流；有朝露之兴，日暮之忧；有乡俗地气，人情世故，甚至也有惊喜和奇遇，尤其路上会潜伏着种种危机，其神出鬼没，不可估量，无从把握。应对起来并无常法，因为时刻都有挑战性，就非常需要应变力。凡斯过程便是历练，唯历练会使人生大聪明和真通达。可惜我毕竟居家多，行路少，从而丧失了三千发现和九万美妙，这当然也是无奈的。

我的外出，几乎全是独行。独行容易寂寞，也降低了安全系数，但它却使我完全自由。进止不必商量，餐饮不用照顾，是十分潇洒的。我还有一个毛病，好走废墟，嗜察风土。如斯嗜好，是人所稀罕的，我何必为难人呢？所以总是独行。独行难免冒险，而且遇事全靠自己克服。①1993年，我独行塞上萧关，一日无食，遂入村取之，不料惹狗扑身。一狗撕咬，引来数狗围攻，真是难以抵挡。

②郦道元和徐霞客皆是旅行家，又提炼路上的知识而使自己成为文学家和地理学家，青史留名，历来为人所羡慕。没有非常之勇气和胆力，他们是无以取得这种成果的。我想他们也都是独行的吧，因为行路难，难于上青天，谁愿意陪伴他们呢？史记，五十五岁那年，徐霞客在云南丽江患脚病，走不动了，遂卧于一室，不能返家。幸亏当地官员敬重这个贤者，他们用车、船送其归于江阴，足见独行之艰。不过独行是有大乐的，这种大乐也只有独行之人才能领略。

❶ 以自己独行塞上萧关遇到数狗围攻的事件为例子，生动形象地展现了独行的危险，反衬出"我"对独行的喜爱。

❷ 以著名的旅行家郦道元和徐霞客为例子，进一步突出独行需要勇气和胆力，给读者留下了深刻的印象。

延伸思考

1. 文章第三段第一句话在结构上有何作用？请结合全文分析。

_____

_____

2. 作者以"独行"为标题，想要突出自己对独行的喜爱，但又写自己在独行过程中被狗围攻的可怕经历，这是否矛盾？谈谈你的理解。

_____

_____

一臂之力

名师导读 ▶

　　作者围绕"一臂之力"先写一件自己曾向人求助却被拒绝的往事，表达被人拒绝的伤痛，而作者却将这种伤痛变成动力，反其道去帮助别人，传递爱心，用自己的"一臂之力"去温暖需要帮助的人，并因此找到了人生的快乐，感受到了"一臂之力"的伟大。文章语言质朴，情感真挚，具有极强的感染力，净化了读者心灵，鼓舞读者去奉献爱心和付出善行。

　　① 我从来不怕别人笑我：考大学我考了三次。第一次差几分没有考上，第二次也是差几分而没有考上，第三次考上了，但动作却很是惊险。

　　关于其中的故事我很少传播，因为它使我感到伤痛和悲凉。仅仅在当年，即 1979 年的夏天，我向母亲透露过一次。我早就发现，在人生的问题上，母亲总有让我钦佩的意见。然而母亲叹息了一声沉默了，我也沉默了，之后我一直守口如瓶。

❶ 开篇写"我"考大学考了三次，并且说第三次的动作非常惊险，激发了读者的好奇心。

那时候我是一个连续落榜的人，不过我没有丝毫的沮丧，反之越战越勇。我在坚持自学。全村以至全乡的人都关注着一个决定走进大学的 18 岁的青年。那时候社会崇尚知识，读大学不但光荣，而且能改变命运。我的风声颇高。我像一棵已经长过墙头的槐树，远亲近邻都看见它的枝叶了。

考场设在长安县韦曲镇（今西安市长安区韦曲街道）所在的一所中学，我家在少陵原上。村子与县城相距 2.5 公里，为了省事，我打算依然骑自行车到中学去应试。第一天是顺利的，但第二天却遇到了麻烦。凌晨下了一场小雨，地面并不太湿，小雨也停了，可以骑自行车，遂按时出门。2.5 公里，其中一段是土路，一段是沥青路。我万万没有料到，走着走着土路泥泞起来，而且泥泞掺杂着柴草在向车链和车圈里面挤塞。我非常害怕自行车被夹死而不得不撑起它，以掏里面的泥泞和柴草。一旦时间耽误，我将功亏一篑。若是步行能够赶到，那么我会扔下自行车改为步行，遗憾的是步行不可以赶到。我一下慌恐起来。猛一抬头，我发现路上有一个人一步一步拣选干硬的地面向前走着。[①]他穿着洁净的干部服装，挎着一个洗了几水的黄色布包。我大喜，我认识他。他和我同村，同生产队，姓童，是一个文化人。他知道我在考大学。他还几次笑着了解我复习的情况，问我准备上什么大学。我很尊重这个文化人，平常呼他为叔叔。我断定那天叔叔是到他的单位去上班。[②]我像一个即将溺水的人看见了船桨。大约有 300 米土路就是沥青路了，我想让叔叔帮我抬一下自行车。我觉得这是没有任何问题的，小忙，谁都会帮，甚至陌生人也会帮。在农村，人习惯于称之为积福！我使劲冲向叔叔说："叔叔，帮

❶ 此处既交代了童先生的干部身份，又说明他是个很讲究的人，与下文他拒绝帮助"我"形成了鲜明的对照，反衬出"我"当时的失望心情。

❷ 采用类比的方式，将自己深陷泥泞时看到童先生时的情况比作"一个即将溺水的人看见了船桨"，生动形象地写出了"我"当时的惊喜以及对童先生充满了期望。

我抬一下吧，我马上就迟到了！"叔叔只是笑着，并无别的反应。我以为空旷的原野稀释了我的声音，遂指着沥青路向他呼喊："叔叔，帮我抬一下。谢谢你！我马上就迟到了！"可叔叔却照旧笑着，不动胳膊，也不动手。① 我顿悟盘踞在他白脸青胡之中的笑表达着一种坚拒的意思，便咬牙将自行车置于我的肩上昂首而去。尽管它单薄，但它却坚持把自行车扛到了沥青路上。我排除杂念，加速赶路。真的感谢上天！在老师准备收走我的试卷之际，我气喘吁吁地跑入了考场。

我始终没有对童先生表达过憎恨，也没有对他有过谴责。高考结束之后，我便焦急地等待分数。获得录取的消息之后，我便充分享受胜利的喜悦。也因为童先生恰恰就在我所深造的大学做后勤工作，他还到我宿舍来关照过我。尤其是一年之后，他便患胃癌逝世了。

然而我并非不琢磨它。不！② 童先生拒绝支出一臂之力的形容像山顶的积雪一样永不融化，只要抬头，我就看见它，并能感觉它的寒气。我曾经紧紧追究一个问题：谁高兴邻居的房脊高过自己的房脊呢！谁高兴邻居的油瓶大过自己的油瓶呢！我不敢也不愿意认为人心是黑暗的，不敢也不愿意认为人性是邪恶的，因为得出这样的结论，我的精神世界就会坍塌，我的人生将陷于虚妄之中。我知道必须相信精神世界是有阳光的，人生才有可能健康并幸福。我把童先生归为个案，不想让它具有普遍意义。但这个故事的影响却久久延伸。它像滴水穿石一样反复发出自己的声音，使我感到了它的一种提醒。它顽强地繁衍着自己的意义，让我咀嚼了它经常翻新的滋味。我告诫自己，不要像童先生那样行事。

❶ 运用神态描写和动作描写，写童先生冷漠无情的笑容和"我"咬牙扛车往前走的动作，体现了"我"当时的失望，甚至愤懑的心情。

❷ 用山顶的积雪永不融化来形容童先生拒绝支出一臂之力在"我"心中的感觉，突出了这件事对"我"的影响之大。

① 引用圣贤的话，表明人应该具有慈悲之心和助人为乐的精神，并以此鼓励世人要有善心善念，坚持去做善行，同时也增强了文章的文学性和感染力。

大约从 1989 年起我便学习着助人。凡是有求，我必应之，只要寻找我，我就开门，虽然渺小若我，能力极弱，不过我一定尽心。我还把怜悯四处相逢的妇幼病残及老痴乞丐等作为功课而修养。① 孔子说："君子成人之美！" 佛提倡慈悲为怀。耶稣说："爱人如己。" 真主鼓励救济和博施。圣贤各居其域，各生其时，然而他们所开辟的大道同归了，这便是：行善。可我的行善，我所感到的行善对一个人气质的养成，对一个人快乐的增加，却是童先生作为反方启示给我的。

所有人都时刻站在一个能够给他人以帮助的点上，所有人都会遇到需要他人帮助的时刻，也许一臂之力就足以让他人梦想成真！一臂之力，实际上蕴藏着慷慨与伟大！

延伸思考

1. 阅读文章，分析"它像滴水穿石一样反复发出自己的声音，使我感到了它的一种提醒"这句的作用是什么？

_____

_____

2. 品读全文，谈谈你对"一臂之力，实际上蕴藏着慷慨与伟大"这句话的理解。

_____

_____

共生树

名师导读 ▶

　　唐代白居易的《长恨歌》云："在天愿作比翼鸟，在地愿为连理枝。"人们把两棵枝干合生长的树称为连理枝，俗称夫妻树、生死树。在陕西省佛坪县的金水河岸边就生长着这样的两棵树。作者称它们为"共生树"，并且用生动的文字描述了这两棵树奇异的生长规律、共生关系和与之相关的爱情传说，同时借物喻人，表达了自己美好的愿望。

　　没有人知道它是一种什么树，不清楚它的学名或俗称。其树一根两棵，昂昂并立，长在金水河岸。粗三握不足，高三丈有余，可惜无人能指出这两棵树的年岁。陕西省佛坪县在秦岭之中，处处是树，谁会注意它呢？山里的农民是不会在乎它的，山外的学士或商家来了，兴趣也多在大熊猫。^①不过这两棵树确实

① 描述这两棵树的奇异现象起到了设置悬念，激发读者好奇心的作用。

有自己的奇异。春夏之季，树皆叶子变绿，枝子泛青，但这两棵树却呈一枯一荣，并交替着枯荣。其具体情况是这样的：由春到夏，如果左边一棵树的叶子变绿，欣欣然，勃勃然，那么右边一棵树的叶子便会发黄，甚至像休眠一样，显出蔫状、瘦状、槁状。入秋便为冬了。但右边的树却并未老朽以灭，它仍活着，到新的春天与夏天，就会叶茂枝繁，生机盎然。这时候，左边的树反之叶子发黄，仿佛休眠一样。① 总之，两棵树似乎有一个约定，今年枯者，来年再荣；今年荣者，来年再枯，然而皆不死。

②有人为其杜撰了一个爱情故事，认为这两棵树是一对夫妻的化身，他们为躲避恶霸之害，投潭而殁，转世为树。不过我倾向于一个智者的解释，认为这两棵树长在金水河岸，根扎岩缝，其土薄而石坚，养分少，若同时为两棵树所用，那么都难以活。于是这两树就轮换着，一年之中，一棵只盼保命，不求茁壮，而另一棵则奋发向上，以避免恶性竞争，导致一亡俱亡。智者呼其为共生树，真是恰如其分！树犹如此，人何以不！

❶ "约定"采用了想象和拟人的方式写两棵树好像是商量好的，生动形象地写出了两棵树交替枯荣的规律，体现了作者强烈的好奇心。

❷ 插入爱情传说，增添了文章的趣味性，更形象地突出了两棵树共生的关系，给读者留下了深刻的印象。

延伸思考

1. 从词语和修辞的角度赏析下面句子。

如果左边一棵树的叶子变绿，欣欣然，勃勃然，那么右边一棵树的叶子便会发黄，甚至像休眠一样，显出蔫状、瘦状、槁状。

_____

_____

2. 谈谈你对"树犹如此，人何以不"这句话的理解。

_____

_____

大德之旅

名师导读

　　《大德之旅》一文获得了第二届老舍散文奖。作者以自己用"跳脱之举"在火车上帮助朋友的孩子顺利"上厕所"的事，引出了"大德"的话题，并且指出所谓的"大德之旅"就是敢于打破世俗成见去帮助他人、坚守正义的行为，然后列举了一系列伟人事迹和自己所做的小事来说明如何践行"大德之旅"。文章观点新颖，内容非常具有深意，给人以启迪。

　　可君是一个聪颖的学生，大约现在已经到了报考大学的年龄。他的父亲是作家，母亲是教师，都为我的朋友。我到他家去，可君总要从自己的小屋走出来问候我一声，之后继续他的作业。

　　几年之前，我和妻子，可君随着他的父亲与母亲，结伴作海南之行。原估计正月初一，火车上的人一定很少，岂不知人多如麻，不但坐满了座位，站满了车厢过道，而且挤满了厕所。原推测越走越暖，要一层一层地脱下衣服，岂不知越走越冷，要在广州购置一袭棉猴穿上。^① 因为百年一遇的寒流，从遥远的西伯利亚滚滚而来，并裹挟了火车。海南之行，没有预料的那么顺利。

我忘记了是在何处，不过总之，火车是过了长江，有一会儿，^②可君显得颇为烦躁，皱着眉，跺着脚，翻着眼睛看他的父亲与母亲。几个大人热烈讨论着，显然忽略了他，否则他不会翻着眼睛提醒大人。当时可君只有十二岁，接近害羞的青春期，又腼腆，又内向，白皙的脸面时时会浮现红晕。我向他父亲示意可君有事情，他父亲便问："怎么了？"可君说："上厕所。"其父亲遂领可君出去。回来之后，他的父亲一脸严肃，而可君则一脸窘迫，一点儿也没有方便之后的舒展神情。其父亲说："厕所都关着门，让他在过道撒，他又撒不出来。"他父亲一抖情况，尽管可君未吭声，但他却显然有一点恼怒了。他母亲说："可君跟我去。"遂带儿子出去。不过一会儿可君回来，仍是一脸窘迫，而且分明有一种承受折磨的痛感，因为他坐在那里，两腿合并着，使劲地夹着。他母亲忧虑地说："他不好意思！"

我知道这样下去会致他以病的，也知道接近青春期的可君有一点儿心理障碍，这当然也证明他是一个自尊的孩子，如果他满不在乎，那么还能让尿憋着吗？不过这个孩子过分注意自己的行为所产生的影响了，他希望有完美的形象，只是他设计的形象堵塞了自己的排泄渠道，并有可能损害其膀胱。当此之际，他是需要帮助的，而且在那样的环境，唯我能给他以帮

❶ "滚滚而来"生动形象地写出了寒流从西伯利亚过来的凶猛情况，突出了情况的恶劣，体现了旅客们内心的无奈，为下文发生的"无奈之举"做铺垫。

❷ 运用神态和动作描写将可君急躁的样子展现得生动且形象，也体现了"我"善于观察，懂得体谅他人。

助。我的意思是，我能克服他当时的困难，也许还能给他一个为人的启示。于是我就摸摸他的头，让他跟我走。

❶ 场景描写，突出了过道人多的情况，营造了嘈杂的气氛，同时衬托了"我"当众解开腰带时的"胆大妄为"，为后文突出文章主题做铺垫。

❷ 将"我"比作凯旋的将军，既突出了"我"帮助可君解决"麻烦"后的喜悦心情，又突出了"我"敢于打破常规，不惜"面子"去帮助别人时的勇士形象。

❸ 用"生活的褶皱"暗喻不愉快、不好的经历，"宁帖"则说明可君的父母认为不讨论可促使不愉快的经历变成无关紧要的事。

我没有敲打厕所的门，那是徒劳的。我径直率可君来到车厢与车厢之间的过道。① 这里也有人，在昏暗的光线之中，他们或蹲着，或站着，或斜靠着壁板，当然也有人从过道来来往往。不过我不能有一点儿迟疑，因为微小的犹豫都会继续限制可君生理机制的自由运动。我率他来到过道的窗下，让他和我并排站着，只是我稍稍朝前了半步，从而他落后了半步。我坦然地解开皮带，蓦地看到窗外有妩媚的青山匆匆而过，随之感到可君焦急地拉下自己的皮带，接着传来了潺潺的水声。② 我松了一口气，也骄傲地系上皮带，并像凯旋的将军一样携可君回到座位。可君的父亲与母亲见孩子轻松的样子，便知道问题解决了，何况大家讨论的事情似乎比上厕所的事情要高雅，便继续着自己的讨论，并大有把导致可君非常窘迫的经历封存起来之意。③ 生活在起了褶皱之后，要促使它恢复自己的宁帖，能够理解，如此而已。

但我却不能像一朵浪花消失一样忘记了我的行为，恰恰相反，我一直分析自己在过道的越轨之举。我想，凡是看见我有那种行为的人，以其习性，虽然不在面前批评我，也不敢在面前批评我，不过他们有可能，甚至肯定会在背后骂我，鄙夷我，认为我糟糕，并以讹传讹，让偏见和谬种流行于世。不过只有我知道，我是依靠着一种以智慧为基础的勇气，依靠着天赋良知，才做出了越轨之举，而我的越轨之举则是为善之举，而且是我个性的显示。

依我的理解，人应该是活生生，气昂昂的，凡一切为善之举就要敢作敢当，甚至无法无天。① 但教化却像鸦片一样把人不知不觉喂得骨软筋疲，以至于人把观念当作礼服，想到舆论便患得患失，躲在规范之中缩头缩脑。老子曰："天下皆知美之为美，斯恶已。"不过老子能怎样，美之为美，不但天下皆知，而且天下皆行。因为以美的标准为之大家高兴，自己受益，只是社会所号召的标准把人的个性消磨得仿佛一块小巧的鹅卵石，或风干的土豆蔓了。荣幸的是，我人到中年，尚未世故，还能狷介，并时有让道学家与点评派私议的非常之举。我以为，我的非常之举，是我一直在进行着的大德之旅，就是不违己心，不伪己行，不畏其谤，不流其俗，不讨其好，只服从良知的调遣。大德之旅是有风险的，甚至是注定要付出代价的，所以人多不愿意走这样的路。

不过在历史上，反潮流而破成见的人总是有的，他们的思想已经结晶为文化的遗产，而他们的所行所为则展现了一种个性魅力。② 孔子向争霸的诸侯推广仁和礼，司马迁为降将辩护，甘地要以非暴力抵抗英国的殖民统治，拉宾提出以土地换和平。当然这些人也因为其举措而不得安生，有的甚至牺牲了自己。孔子四处碰壁，状若丧家之犬，司马迁服了宫刑，甘地受到怀疑，拉宾饮弹丧命。然而他们都完成了自己的大德之旅，并终于获得景仰。

在我的生活之中，一直有让周边人难以认同的行为，然而我错了吗？我二十岁那年，在一所医院疗养了三个月。这里有一个孩子，患败血症与心肌炎，难以治愈，即将死亡。凡是认识这个孩子的人，都赞叹

❶ 这里将"教化"比作"鸦片"，把"观念"比作"礼服"，生动形象地写出了人们被教化禁锢思想，被面子束缚行为，并且容易被世俗成见左右的现象，表达了作者对教化、世俗成见的鄙视和厌恶之情。

❷ 作者列举孔子、司马迁、甘地等丰富例子，有力地证明了践行并坚守"大德之旅"的重要性和必要性。

他的聪明，更为他感到惋惜。这个孩子在去世之前，一直喊他的父亲，并流露着深切的想见之情。问题是，父亲与母亲早就离婚了，特别遗憾的是父亲在一次车祸之后变成了植物人。为了不影响孩子的情绪，母亲隐瞒了真相，谎称父亲在新疆工作忙碌不能回家。临终之际，孩子执意要父亲，这使母亲十分为难。所有的大夫和护士都为孩子唏嘘，然而不能满足他的愿望。我想了一个办法，并征得了他母亲的同意，随之我以孩子父亲的名义，每天晚上七点，准时从医生办公室或护士办公室给那个孩子打电话，询问他、安慰他，以使他能够安息。这个孩子比我只小十二岁，然而我固有的喉音，我成全一个愿望的冲动，都使我成熟得酷似一个父亲。我四十岁那年，有一个老乡寻找我，苦恼地告诉我，他唯一的女儿爱上了一个中年男子，希望我劝她一下，不然她一生就毁了。老乡特别叮咛，他女儿喜欢我的书，应该会听从我的。我把他女儿约来了解情况，从而知道那个中年男子的妻子已经病逝，也知道她爱他，她根本不图他的财产及地位。在我确信他们是有情人之后，不但没有阻拦，而且婉转地给予了鼓励。

① 我做的都是小事，不过刘玄德有言："勿以恶小而为之，勿以善小而不为。"我并不惭愧。当然我也有一些越轨之举是属于大事的，涉及大是大非，不过我现在必须保守秘密。

我明白自己的越轨之举要遭人讥讽，受人贬斥，而且损害着我的清白。然而我不会退缩，也不会悔改。我为我自豪，我强烈地自信着和自爱着，因为在本质上我是为善的，而且个性是尊贵的，岁月将把个性之

❶ 引用刘备的话来说明不要因为坏事小就去做，不要因为善行小就不去做的道理，有力地突出了文章的主旨。

金越磨越亮，而舌尖之谣则会越传越碎。在这个世界上小人不给小人送葬，唯有高人给高人立碑，所以我会把大德之旅进行到底。

延伸思考

1. 谈谈你对"大德之旅"的理解。

_____

_____

2. 文章倒数第三段提到"老乡特别叮咛"有何作用？

_____

_____

3. 品读文章，谈谈你的感悟。

_____

_____

生命链

名师导读▶

何为"生命链"？生命链就是人类生命的总和，每一个人都是生命链上神圣的一环，有义务去维护生命链，任何集体、组织都不应该随意去破坏生命链。作者采用比喻、举例、反问、引用等多种写作手法来写《生命链》，将抽象复杂的哲学问题变得具体而浅显，使读者了解了生命链，明白了自身所肩负的责任，告诫人们要珍爱个体生命，并且维护人类生命链。这是一篇充满哲思的散文。

尽管生命链也会损坏，甚至断裂，不过其总的趋势是循序渐进，绵延万古。我以为，所有的个体都是生命链上神圣的环节，它还有承上启下的责任。任何一个个体，都应该热爱和保护它的环节，以防生命链在它那里终结。所有的个体都要争取使自己的环节坚固、圆润，闪闪发光。要避免它生锈，出现瑕疵或洞穿。

生命链最强大最持久的威胁，是自然的灾难，所以老子曰："天地不仁。"因为地震、洪水、风暴，及其种种突然的变故，都会大规模、大面积地把人类推向深渊。不过人类所建立的社会，人类的一些集团和组织，也对生命链构成了威胁。在中国过去的戏剧和小说里，经常会出现满门抄斩这个命令，其无不透露了集权主义的血腥气味。在德国出现的纳粹，曾经把恐怖的绳索套向了整个犹太民族。当然还有战争。这些罪恶的行为，不但残害着个体，而且对派别与种族进行着疯狂的杀戮。个体要保守自己在生命链上的环节，显然是艰难的。不过尽管艰难，自己也必须千方百计地保守，因为生命链是靠一个一个的环节串联起来的。

古人说，不孝有三，无后为大。无后，拒绝繁衍，不完成生殖任务，从而在自己的环节之后造成一个空缺，却多少是遗憾的，因为它会影响生命链。古人对无后的责备，实际上是出于对生命链损坏或断裂的畏惧，也是一种提醒和警诫。我以为应该理解古人的苦心，而且这样的提醒和警诫，并非没有积极意义。孔子曰："父母唯其疾之忧。"是强调孩子要体谅自己的父母，但我却从父母之忧，发现了别的消息，这便是，父母唯恐自己的孩子不能成长，遂使生命链从自己那里终结。①古人不敢毁伤自己的毛发和肌肤，是向父母负责，不过这何尝不是对个体的负责呢？对自己的负责，又何尝不是对生命链的负责呢？

②所有的个体都应该珍惜自己，因为它是属于生命链的。其他人，或任何集团与组织，当然不可以随便地排斥和压制个体，根据是个体是生命链上神圣的环节。如此而已。

❶ 连续采用两个反问句，突出了个人与生命链的紧密关系，强调了个人繁衍生息对于人类生命链的重要性，告诫人们要珍爱个体生命。

❷ 总结全文，再次突出个体应该珍惜自己，人类应该共同去维护生命链，不应该随意排斥和压制个体的主题。

延伸思考

1. 本文是如何围绕"生命链"展开论述的？请简单谈谈。

_____

_____

2. 品读文章第三自然段，谈谈你的体会。

_____

_____

第二辑 大地上的风景

有时候我心中惶惶，便出西安城，到樊川来，坐在寂寞的一棵白杨树下望着少陵原的南坡，夕晖照崖，草木泛古，沉默的黄土竟有意味深长的呼吸！

【2014届四川省苍溪中学高三（上）第二学段考试语文试卷】

阅读下面文章，完成下列各题。（9分）

门　神

①有西安文史馆的朋友送我一副门神，是明代的拓片，红色，左秦琼，右尉迟敬德，凶然威武，一时激动，不知道收藏它，竟直接贴在了门上。

②这是几年之前的事，门神虽然独特，甚至压住了楼道里或社区里那些印刷出来的门神，不过毕竟尘染风化，春秋数度，鲜亮的门神就蓬头垢面的。擦又难擦净，揭又难揭开，忍见其废，心生隐痛。尤其是朋友已经丢了制作拓片的模子，即使他慷慨，有意再赠，我也不会重获其品了。

③门神文化在中国极深，大约石器时代就出现了门神。一部书上指出：东海有度朔山，生长桃树，繁枝盘曲，有一处为鬼门，鬼有善恶，皆由此门出入。那么谁监察害人的恶鬼，并把它除掉呢？神荼和郁垒二神，他们会把恶鬼喂虎。黄帝发现这是一个优胜的办法，便让画师在桃板上绘神荼和郁垒二神像，挂在门的两边，左神荼，右郁垒，以抵鬼御凶。这大约便是门神的起源。往往是在元旦或岁

竟之际挂门神，今之贴门神是在过年之前，显然是一脉相承的。

④传统的观点认为，桃树为五木之精，能克百鬼。大约从汉代以后，桃木便广作镇鬼之具，所谓桃印、桃板、桃符，绘以神荼和郁垒像，都是门神。王安石诗曰："爆竹声中一岁除，春风送暖入屠苏。千门万户曈曈日，总把新桃换旧符。"多少透露了门神在宋代的信息。在20世纪50年代以后，中国推行唯物主义，似乎鬼都走了，然而农民觉得鬼仍在，并以桃树抗鬼。小时候，我村子一位妇女死了，以其年轻，怕幽灵返家，农民便削桃树枝梢数十根，遍插房子周围。当年虽然对鬼知之甚少，那举措所具的气氛仍使我悚然，仿佛真有鬼似的。

⑤人死变鬼，神能制鬼，这大约是鬼神崇拜的心理基础。孔子不想彻底研究鬼神的问题，遂教导弟子："敬鬼神而远之。"他实际上并没有否定鬼神的存在。圣者都不敢否定，我也不敢随便否定鬼神了。

⑥一个有趣的现象是，在唐长安城，门神开始由现实社会中的人担任，这便是秦琼和尉迟敬德。此二人都是初唐的大将军，为唐的诞生立有大功，太极宫凌烟阁挂其图。秦琼是齐州历城人，今之山东济南人，身经百战，摘敌首如探囊取物。尉迟敬德是朔州鄯阳人，今之山西朔城人，玄武门之变，他站在李世民一边，战斗颇为果敢。唐太宗当然很厉害，不过也怕鬼。他似乎得罪了泾河龙王，其死而为鬼，夜至太极宫唐太宗的寝宫门外呼骂不已，抛砖弄瓦的。唐太宗深为恐惧，遂告群臣。秦琼便请求他和尉迟敬德戎装立足门外，一左一右保卫皇帝。唐太宗同意，其夜果然无惊。问题解决了，颇为喜悦，然而唐太宗感到他们两大将军守夜太累，就命画师绘二人像，雄壮有加，悬于寝室左右门，以驱泾河鬼。秦琼和尉迟敬德遂渐渐传为门神，并越过太极宫，唐长安城皆奉他们为门神。政权更迭，世有沿袭，便永为门神。

⑦西安及其周边的人，在春节多会贴门神。门神之纸常变，然

而万变不去的是秦琼和尉迟敬德,尤其是他们看起来都很暴烈、震怒、战无不胜。以瑞士学者荣格的理论,门神之行,也是民族的一种集体无意识,其遥远而强大。

⑧贴在我宅门上秦琼和尉迟敬德的像有何区别呢?不仔细辨识,还确实难分。他们皆征袍披身,肩挎大刀,腰横宝剑,铠甲在胸,姿势、神情也相近。然而有一个特点可以区别他们:尉迟敬德是鲜卑人,胡须浓重,秦琼的胡须略少一些。

(原载《光明日报》副刊,2013年2月8日,有删改)

1.下列对门神的理解,不正确的一项是(　　)(3分)

A.人们对门神的信仰由来已久,据记载,最早的门神是能捉鬼的神荼和郁垒,他们把守鬼门,专门监视那些害人的鬼。

B.门神是守卫门户的神灵,是民间最受人们欢迎的保护神之一,旧时人们将其神像贴于门的两边,用以驱邪避鬼,卫家宅,保平安,降吉祥等。

C.门神之像自汉代起往往被绘在桃木上,做成桃印、桃板、桃符,挂在门上,因为汉代的人认为桃树为五木之精,能够除灾辟邪、制鬼驱怪。

D.随着社会的发展,门神也在变化着。到了唐代,门神开始由现实社会中的大将军秦琼和尉迟敬德来担任。

2.下列理解和分析,不符合原文意思的一项是(　　)(3分)

A.门神大约出现在石器时代,其原因和中国古代鬼神观念有关。虽然现代社会推行唯物主义,然而有不少农民仍然相信鬼神的存在。

B.门神在中国社会中具有广泛基础,王安石诗中"总把新桃换旧符"中的"桃符"就是一种绘有神像,挂在门上辟邪的桃木板,这透露了在宋代时有关门神的信息。

C.在传统观念中,人们觉得人死后会变成鬼,而神则能制服鬼,这就是门神存在的心理基础,即使是孔子在当时也并没有否认鬼神的存在。

D. 在当今中国，人们在春节时常常要在门上贴门神，尽管门神的纸不断变化，然而永不变的是秦琼和尉迟敬德这两位门神。

3. 根据原文内容，下列理解和分析不正确的一项是（　　　）（3分）

A. 秦琼和尉迟敬德两个人虽然看起来都很暴烈、震怒，但能够给人带来安全感。虽然后来政权更迭，然而世人多有沿袭。

B. 玄武门之变后，李世民大肆屠杀其兄弟和他们的家人，于是晚上常常梦到他兄弟化为鬼在门外高呼报仇，这使李世民极为恐惧。

C. 门神秦琼和尉迟敬德都是身披征袍，肩挎大刀，腰横宝剑，胸佩铠甲，姿势、神情也相近。如果不细加区分，人们很难把二者区分开。

D. 初唐时，秦琼历经百战，摘敌首级如探囊取物；尉迟敬德是鲜卑人，胡须浓重，战斗颇为果敢。他俩在晚上保卫唐太宗，使唐太宗很有安全感。

黄　土

名师导读 ▶

　　朱鸿的散文具有浓郁的长安文化特色，深沉而内敛。在《黄土》一文中，他用朴质而不乏生动的言语将黄土的形成、特征、价值等徐徐道来，将自己对黄土炙热的爱恋融入不急不躁、不温不火的文字之中，使这份爱恋变得醇厚而悠长、朴实而真诚。品读本文，不但能够了解中国黄土悠久的历史、广泛的用途和宝贵的价值，而且能感受到作者对黄土的热爱，对心灵黄土地的坚守。

　　凌云御风以俯察西安，会发现这个城完全立于黄土之上，甚至黄土包围着西安。

　　平常会忽略黄土对西安的意义，因为出巷上街，所见是草木，是玻璃幕墙的高楼大厦，是华灯，是流水一般的汽车。然而离城而去，远一点儿环视，便会看到凡西安的建筑是尽由黄土支撑。

西安依龙首原营造。龙首原属于黄土的堆积，地势壮阔，地貌雄奇，可惜人类的活动：一个伟大的城的存在与持续扩充，已经把龙首原的高岸与低谷拉平了，甚至把它遮蔽了、包裹了。黄土也内敛着，萎缩着，遂难免感受到城在龙首原之上。不过看一看乐游原的残坡剩陂，看一看正受到改变的少陵原和神禾原，也在遭掘的白鹿原。尤其是看一看暴露在外的黄土的立面和斜面，便可以想象这座城确实踞于黄土之中，甚至它就是黄土的变形。

实际上两千余年前的汉长安城，一千余年前的唐长安城，都坐落于黄土之间。那时候，材料单一，城与黄土的关系密切至极。也许长安城就是艺术化或灵魂化的黄土，遂能漂亮地还原于黄土。

①在地球北部的几个大陆都有黄土分布，不过中国黄土分布广，厚度大，覆盖连续，层序完整。它基本上处于北纬 33º 至 41º 之间。中国黄土呈东西向，大约铺排于昆仑山、秦岭和泰山一线的北侧。西北可达天山，东北可达大兴安岭和小兴安岭。

②中国黄土以面积约 63.5 万平方公里的黄土高原最为典型，也最具研究价值。其西起祁连山，东至太行山，北发阴山，南抵秦岭。浅的数米，数十米，深的一百余米，二百余米。深之至极，在泾河与洛河一带。这里位于黄河的中游。黄河经黄土高原而流，给这里的黄土赋予了神性。夕阳所照，黄土高原的气象便尽显洪荒和浑朴。风走过它的塬、梁、峁、壑，千里呼啸，万里回应，禽息兽匿，人谁不敬畏！

❶ 这里写中国黄土的特点，引出下文对中国黄土的典型——黄土高原的叙述，同时体现作者内心的骄傲与自豪

❷ 用确切的数据"63.5万平方公里"和重复出现的极限词"最"字，突出了黄土高原的独特价值。

西安所拥有的黄土，或汉长安城和唐长安城所拥有的黄土，也属于黄土高原的范畴，不过这里的黄土自有其特殊性。秦岭流出数水注渭河，渭河灌黄河。这一片黄土便发于渭河以南，止于秦岭以北。此地谓之关中，苏秦赞之为天府，东方朔颂之为陆海。形胜之地，遂一再立国作都。^① <u>这里的黄土细腻、疏松，具绸缎一般的触觉和蜂蜜一般的视觉。</u>

❶ 将黄土的质地比作丝绸的触觉、蜜蜂的视觉，生动形象地写出了黄土细腻、疏松的特点，体现了作者对黄土的喜爱之情。

大约 2300 年以前就有中国人注意到黄土，但对它的研究却由西方的地质学家发轫，随之中国的地质学家也孜孜以求，大有作为。这些黄土是从何处来的呢？比较一致的观点是，里海以东有浩瀚的沙漠，一旦气流上升，它便会携带粉尘颗粒进入高空，并为西风环流系统所容纳；接着随西风带向东南飘移，至东经 100° 以东骤然沉降。260 万年的堆积及其种种化学反应，遂为黄土。东经 100° 以东，恰恰就从祁连山一带开始。之所以黄土高原的黄土十分发达，也许是西风带让随它飘移的粉尘颗粒总是在这里集中垂落导致的吧！

有地质学家认为，黄土高原是古土壤与黄土累加起来的，因为它们相互叠压数十次，应该是 260 万年以来，包括更新世和全新世，气候暖湿与气候干冷的周期性回旋的结果。黄土夹缝还藏有几十种古脊椎动物的化石，其属于第四纪。显然，^② <u>中国黄土是一部信息丰富的自然档案，凡地质学家、气候学家、生态学家、环境学家，都可以从中获取他们想要的自然演变的资讯。</u>人类的活动也在黄土上留存着印痕，历史学家当然也颇感兴趣！

❷ 运用比喻的修辞手法，把中国黄土比作为自然的档案，体现了中国黄土的悠久历史以及随之而来的科研价值。

中国农业之兴有赖黄土，尤其是在黄河中游一带，黄土呈柱状节理发育，虽然久久沉积，不过黄土仍是疏松而散，其密布的间隙，如小孔和细管，使地下水分得以向地上浸淫。一般夏季多雨，当此之际，暖气流起于海上，并从岭南向大陆漂移。只要它遭遇冷气流，就会形成锋面雨带。在锋面雨带逾越秦岭的时候，恰恰是夏季，其雨便补充了关中及黄河两岸黄土的地下水分。黄土软，雨易渗，水分宜蓄。年年如此，岁岁如此，遂在上古就有部落于斯耕植。初民不用灌溉，打磨几件石器作工具就能播种和收获。合适生存，初民便越聚越多。

神农氏曾经于斯指导初民种其粮，功莫大焉。有熊氏渐盛，其首领轩辕打败了炎帝，又打败了蚩尤，成为黄河中游一带部落联盟的共同领袖。会当凡非的蚯蚓出其土，显示土之德瑞；黄土为色，遂是黄龙，轩辕便任黄帝。黄帝发明频频，然而他仍不懈于教天下以稼穑。唐尧、虞舜、夏禹，皆据黄土高原开国成事，其经济所靠当然也是农业。

当是时也，周人的后稷神秘下凡。他显然是耕植的天才，会相地以播百谷，部落之民也都向他学习。尧举后稷为农师，御内便得其利。舜也敬重他，封邰，今之陕西武功。周人以农业而强，迁豳，徙岐山之下，过渭河，进关中；平商之崇侯国，作丰邑，再作镐京，继续修德振兵，终于取商而代之。周人对农业的贡献是使稼穑有了规模，田有公田和私田。他们实行了井田制，把奴隶组织起来劳动。

关中的黄土杂糅有大量的腐殖物，八水相绕，久有开垦，其粮遂常能丰收，上税缴赋甚多。[1]司马迁说："关中自汧、雍以东至河、华，膏壤沃野千里，自虞夏

❶ 引用司马迁的话，突出关中地区黄土的肥沃和对农业发展的重大贡献，更具说服力。

43

之贡以为上田。"20世纪曾经有农业学家测量长安的黄土，发现这里的熟化层达50厘米至60厘米。如此之肥，完全可以让枯木发芽。这既有自然的作用，也有祖先世世代代劳动的作用。可惜一声风吹，上田便争盖房子以卖钱。真是罪孽啊，不肖子孙！

中国文明称之为农业文明，兴于黄河中游的文明，又称之为黄河文明，很好。不过有时候，我会登临黄土之丘而坐，捧一把黄土想：① 中国黄土，世界尽重之，尤其农业以黄土所创，所以称中国文明为黄土文明不是更好吗？

❶ 用一个反问句，作者提出了自己的想法，认为中国文明应称为黄文明，体现了作者对黄土的高度评价。

黄帝崩，葬于桥山，为黄陵。轩辕时代的历法，也称为黄历。黄帝取黄土之色，是由于土出黄龙，象征了他的天子之德瑞。多少年以后，封建君主便以黄为色之正，为贵，住黄屋，穿黄袍。黄成为专用，一旦士庶用之，就是僭越，有杀头的危险。高等和特权竟以黄得以体现，这应该出乎黄帝之所料。

黄土融有矿物质，按一定的比例兑水和泥，抟之为坯，装窑而烧，遂成陶器。② 新石器时代属于氏族公社的半坡人便有陶钵以盛水，陶罐以储粟，陶哨以吹音。他们的陶盆多绘有鱼纹和鹿纹，可以使用，也可以欣赏。遗憾半坡人在年岁的循环往复之中走失了，否则中国文明将别有一番精彩。

❷ 这里以用黄土烧制的陶钵盛水、陶罐储粟、陶哨吹音为例，形象地说明了新石器时代氏族公社半坡文化，突出了黄土对该时期人们生活的重要性。

❸ 这里强调"我"收藏了一块秦砖的行为，突出了"我"对秦砖的喜爱和对黄土文明的迷恋。

周人未必是半坡人的子孙，不过他们也掌握了用黄土制作陶器的工艺。营造宫室的板瓦便是由黄土烧出来的。秦人是周人特殊的一支，建筑所用的水管，盖房子所用的筒瓦和条砖，都是陶器，也由黄土烧之。③ 秦砖坚硬，我收藏有一块。

汉朝的皇帝不是秦人，然而居长安城便要用长安的黄土。未央宫有吉语的瓦当，有花纹的砖，无不是黄土所烧。从汉陵所挖的各种各样的陶罐，造型大气，弧度流畅，当为艺术的精品，也是黄土所烧。我收藏有五个陶罐，击之皆发声洪亮。陪葬的陶器颇繁，不过我所好者唯陶罐。

唐人的建筑壮丽至极，其瓦其砖，也还是黄土烧的。也许是石材增加了，唐砖不太大，唐瓦也不甚华，多用的是有莲花的一种瓦，证明了佛教已经确立并普及。

依我的想象，汉长安城和唐长安城都以黄土为格调。它们雄霸的城墙是土夯的，宽阔的街道是土铺的。画地为坊，坊里的院墙和屋墙也是土筑的，即使墙有砖包，砖也是土烧的，进坊出坊的里巷间路也必由土垫。土尽黄土，经日之晒微微发白，一旦淋雨，便多少发黑。云散天晴，阳光透射，土皆变黄。①<u>长安城是皇城，也是黄城。生活在长安城，就是生活在黄城之中，也就是生活在自然之中。</u>

西安在过去几个世纪也几乎是一座黄城。它的城墙在1370年初建之际完全是土的，到1568年，陕西巡抚张祉修葺城墙，才给其外壁砌了砖，然而砖还是土，是土的异态。西安城的路是土的，园林之径是土的，所有的建筑，包括秦王府、衙门、官邸、庙堂，也无土不成。直到明亡清立，清盛清衰，辛亥革命的爆发和中华民国的诞生，这里总体上仍延续着黄土格调，不失其为黄城。西安的四边也还是无边无际的田野，夏季的暴雨往往骤然而下，风从远方而来，掠城墙而过，把黄土的味道送至千家万户的窗口。②<u>然而黄土要减少，无可奈何地减少着，越来越快地减少了。</u>

现在的西安城几乎没有黄土了。混凝土、沥青、瓷

❶ "皇城"体现了长安城悠久的历史，而"黄城"则体现了黄土对长安城的重要性，巧妙利用谐音，加深了读者的印象。

❷ 连续用了三个"减少"，突出了黄土减少速度加剧的情况，表达了作者内心的无奈和痛惜之情。

砖、石材、玻璃、钢铁、橡胶、塑料，已经要把西安城包裹严实了，甚至一旦黄土露头，就有人搅拌着一团混凝土走过去捂住它，似乎黄土使西安城蒙羞似的。

黄土匿迹，让我怀疑世界的真实。科学技术孵化出的环境光怪陆离，玄幻荒诞，充满伪装的感觉，使我的身体和心理都不舒服。① <u>我常常想坐在黄土上，躺在黄土上，把手伸到黄土中，脱了鞋踩着黄土，让黄土埋了我的脚。</u>我的肌肤对黄土有一种饥饿之感，难耐的时候，便在城墙上寻找一块老砖摸一摸。舒服极了，然而这止痛不治病。

② <u>出母之腹，供我睡觉的是土炕；脱母之怀，让我立足并迈步的是土地；院子深广，抓一把黄土就可以玩。</u>往田野里去，农民用铁锨翻地，把晒过太阳的黄土埋下去，未晒过太阳的黄土亮出来，使生土变熟，熟土更熟，以成熟化层。生土含有水分遂色重，风一吹便色轻，轻遂显白，浸雨就归黄，渐渐而成熟土。有骡马犁地，铧入土裂，几十铧犁过为一分地，几百铧犁过为一亩，百亩便是浪打浪的黄土的海洋。骡马累了，就卧在黄土上休息，打滚当然也行。

黄土出草，出木，尤其出粮。粮有黍、稷、稻、粱、小麦、大麦、青稞、荞麦、谷子、玉米，它们尽宜黄土。黄土出粮，也出菜。一掘土，红薯成堆；再掘土，洋芋又成堆；不掘土，可以拔出来的光滑的是萝卜。白菜、韭菜、茄子、梅豆、豇豆、菠菜、蒜苗，黄土皆长。

挖土一丈，遂成穴作墓，永远安魂。挖土三丈，便是井，汪汪的水可以饮，可以洗，几十年取之不尽，用之不竭。所谓土壕就是农民专门的取土之域，它往往有一两丈高的崖，横断面湿润，根须纵横，有蚯蚓，

❶ 此处运用一系列动词，写出了"我"想象自己与黄土亲密接触的场景，反衬出现实生活中"我"看不到黄土的遗憾。

❷ 三个相似的句式构成排比，增强了文章的气势，使之更富有感染力，同时说明黄土从"我"出生到"我"成长、成年就一直陪伴着"我"，为下文抒情做铺垫。

也有蜗牛，偶尔还有化石。其为生土，色不浅而深，遂黄得单纯，干干净净。农民拉这里的土和泥以糊墙，兑水以漫墙，当然也填坑垫厕。制作土坯可以盘炕或盘灶，不过大量用以垒墙，盖房子。

少陵原南坡有长达数十里的崖，呈阶梯状，高达几十米。其向阳，黄土很是坚实，沿线一带的农民曾经凿穴以居，冬暖夏凉，唯恐久雨消解，造成湿陷或崩塌。在樊川的任何一个点上，都可以清楚地看到其崖静立天下，尽显沧桑。这里的窑洞已经空空如也，几乎都废弃了，然而所凿之穴的轮廓仍很明晰。^①鸟雀会落在崖畔，羊偶尔也会跑到崖畔吃草。有时候我心有惶惶，便出西安城到樊川来，坐在寂寞的一棵白杨树下望着少陵原的南坡，夕晖照崖，草木泛古，沉默的黄土竟有意味深长的呼吸！

敬礼，伟大的黄土！别了，一种生活方式，一种文明！

❶ 通过描写鸟雀和羊的活动，以动衬静，突出了窑洞废墟的寂静，体现了作者落寞的心情。

延伸思考

1. 赏析下列语句中加点词的表达效果。

（1）凌云御风以俯察西安，会发现这个城完全立于黄土之上，甚至黄土包围着西安。

_____

_____

（2）然而离城而去，远一点环视，便会看到凡西安的建筑是尽由黄土支撑。

_____

_____

2. 阅读文章第十一段，谈谈作者为什么要写神农氏、有熊氏等上古神话传说？

_____

_____

喜欢小麦

名师导读 ▶

　　小麦是中国北方主要的粮食作物，对于北方人，乃至全中国人民来说都是非常重要的粮食。朱鸿的故乡西安的乐游原、少陵原和神禾原，还有樊川和御宿川等拥有肥厚的土壤，非常适宜种植小麦，因此拥有悠久的小麦种植历史。只可惜，随着城市化、现代化步伐的加快，小麦不得不从这些肥沃的土壤中撤离，跑到偏远的秦岭山麓生存。面对这样的现状，作者写下了《喜欢小麦》一文，表达了自己对小麦的喜爱和对记忆中如海的金黄色麦田的怀念之情。

　　①离乡入城几十年，我目击并感受着一个巨大的变化是，城进乡退，田野的小麦距西安越来越远了。

　　也曾经迁移过几个地方，不过我总体居住城南。1979年我至吴家坟读书，出了校门，随便什么方向走几十米，便看得见小麦。1984年我在北大街工作，钟楼在望，距省政府和市政府当然皆近，不过骑自行车

❶ 第一段总领全文，引出下文，为下文写小麦距西安越来越远的情况做铺垫。

一个小时，也能看得见小麦。

西安居关中，周边尽种小麦。城南的乐游原、少陵原和神禾原，还有樊川和御宿川，更是宜种小麦，要怎么看就怎么看，方便至极。遗憾小麦现在撤离了，要见一见还比较麻烦。

前年看小麦，不得不跑到浐河西岸。去年是往沣河东岸去看小麦的。今年看小麦，到了子午谷附近的台沟村，这里已经位于秦岭北麓。冲洪积扇，高亢有余，肥沃不足，小麦似乎稀疏薄弱了，然而毕竟是金黄一片，聊胜于无。探询打听，才获悉小麦种在这里，且需乘汽车行三十里或四十里才看得见。

城南的台地和洼地，厥土皆黄壤，颇为膏腴，合适耕植，所从来远矣！可惜这一带现在不种谷子，不种玉米，也不种苜蓿、白菜和萝卜，当然也不种小麦了。

小麦是关中乃至中国北方的主要农作物，谓之细粮。① 普通所食的馒头、锅盔或各式各样的面条，都以小麦为原料。没有小麦，日子是要忍耐的。这些都是常识，实际上也不必我啰唆。

我对小麦的喜欢，除了它的使用价值之外，还有审美价值。在我，也许小麦的审美价值是大于其使用价值的。当小麦金黄一片的时候，我看一看小麦，总会产生一种情感上的喜悦和满足。

虽然我一直没有完整地耕植过小麦，不过我经历过它的生死。小麦的种子一般是仲秋播下，几天以后它便萌芽长叶。白露为霜，枯叶摇落，而小麦则使田野葱翠一片。接着越冬，不过即使在冰雪之下，它也仍会分蘖。一旦立春，天气渐暖，小麦遂迅速向稔。其返青、拔节、孕穗、扬花、灌浆、结实，一个动作

① 以馒头、锅盔和面条需要小麦为原料为例子，有力地说明了小麦是中国北方的主要农作物，对人们的生活起着至关重要的作用。

连着一个动作，终于发展到麦穗、麦茎、麦秸和麦叶都慢慢变色，以至金黄一片。

①我总是在这个阶段往田野去，看一看小麦。此间不热不冷，天蓝而云白，掠过无边无际的小麦的风属于熏风。若是夕晖空明，更有蝴蝶及其他飞蛾围绕着小麦翩翩起舞，或蹦或跳，似乎是一种祝贺的仪式。这个时候，我特别愿意踏上田野的小路，感受海一般的小麦四下延伸。我会涌现一种奇妙的体验，觉得自己是在欣赏一件艺术作品。如此壮丽的艺术作品，属于人类与自然相互作用的创造，是神圣的劳动所赋予的。

意识到小麦在新石器时代，从底格里斯河和幼发拉底河流域出发，逾越葱岭，穿过河西走廊，进入中国，我更是咨嗟不已。

小麦收割以后，田野便剩下了麦茬。麦茬遇到平畴就休息，遇到斜坡就攀援，这使麦茬显得甚为旷远，乃至无垠。②麦茬在阳光下是白的，在月光下也是白的。昼夜尽白，是永恒的境界。

❶ 采用虚写的手法，写自己回忆中去田野看小麦的场景，宁静优美，充满诗意的环境和自己欣赏小麦时奇妙的感受，体现了"我"对小麦的喜爱之情，同时也反衬出现实中很难看到小麦的遗憾心情。

❷ 运用场景描写，抓住麦茬白色的这一特点，写其在阳光下和月光下都是白色的，使读者身临其境；而"昼夜尽白，是永恒的境界"则表达了对小麦深深的喜爱和对过去西安附近大片麦田的怀念之情。

延伸思考

1. 联系上下文，赏析加点词的表达效果。

（1）遗憾小麦现在撤离了，要见一见还比较麻烦。

（2）冲洪积扇，高亢有余，肥沃不足，小麦似乎稀疏薄弱了，然而毕竟是金黄一片，聊胜于无。

_____

_____

2. 结合全文，概括小麦的特点。

_____

_____

黄河摆过去了

名师导读 ▶

作者以"黄河摆过去了"为标题，起到了设置悬念的效果，然后写自己同朋友一起去洽川湿地游玩的所见、所闻和所思。作者用流畅、生动的语言介绍了黄河"三十年河东三十年河西"的自然现象，讲述了姬昌迎娶太姒的传说以及关于黄河文明的一些思考等，体现了作者游玩时的愉悦心情和对黄河恩赐的感恩之情。

已经是初冬，长安叶黄，渭水波寒，这个时候往黄河去，看洽川湿地，怕是一片萧瑟和败落吧。①兴趣疲软，不很情愿，然而朋友发令，怎么可以拒绝呢？

早晨九点二十分，从陕西合阳县城乘车到了洽川。风景入目，竟不是我所臆测的那种荒凉和凋敝。我和几位朋友遂盎然融入阳光之中，登船而去。

天气晴朗，四野完全透明。凡富山、光济山、天柱山，甚至远距几十里以外的梁山，也看得见它们的

❶ 此处使用反问句，写出了作者对初冬游览黄河这件事虽兴致不高，却不忍拒绝朋友邀请的无奈，为文章增添情感色彩，并为后文作者的情感转变做铺垫。

正峰和斜坡。黄河从龙门向潼关纵冲，隔岸便是山西临猗，其峨嵋岭似乎也隐隐在望。宇宙发蓝，云白成抹，山河尽披朝晖，我也不禁心旷神怡了！

自古以来都是这样：①三十年河东，三十年河西。它是指大约三十年，黄河摆过去，向东，向山西方向，于是以前的河床就会形成湿地，芦苇丛生；大约三十年，黄河摆过来，向西，向陕西方向，于是以前的湿地就会变成河床，芦苇顿失。这是出现在陕西合阳与山西临猗一带的水文现象。

现在处于黄河摆过去的时候，所以洽川湿地足有芦苇 176 平方公里，这不是很浩瀚的吗？

人也会娱乐，竟开辟了弯弯曲曲的航道，让船慢慢地行着。②不知道什么鸟从容地窜出芦苇，也不知道它们要到何处去。鸟翔于天，天才能产生动感。鸟并非天的装饰，不过天以有鸟的振翅而变得丰富，且具灵性。每年秋天，丹顶鹤、白天鹅和灰鹤一类的鸟将在洽川湿地越冬，而鸳鸯、苍鹭和黑鹤一类的鸟则久栖这里。潢洋一片，多有鱼虾，芦苇广袤且茂密，鸟能不高兴吗？天高地阔，一声鸟鸣，几近是玉珠沉在了大海里。

世传有莘国在陕西合阳一带，应该是公元前 21 世纪的莘氏部落吧！其公主女喜嫁尧舜之臣鲧，生大禹，创建了夏。大约两千年以后，其公主太姒又嫁周人姬昌，生姬发，为周武王，灭商而立周。

姬昌与太姒的结合似乎颇为浪漫。诗曰："关关雎鸠，在河之洲。窈窕淑女，君子好逑。"大约反映的就是他们的爱情。

迎娶太姒，姬昌还真是用了心思。渭水没有桥，

① 围绕"三十年河东，三十年河西"来解说，起到了释题的效果，让读者明白了"黄河摆过去了"的表面含义。

② 写丹顶鹤、白天鹅、灰鹤、鸳鸯、苍鹭等鸟类的活动，营造了欢乐的氛围，体现了作者在航道中游玩的愉悦心情。

太姒怎么过河呢？周人就在渭水造舟为梁，成一舟，又成一舟，连接起来，遂为浮桥。太姒过浮桥而来，迎娶便自有热闹且隆盛。太姒是姬昌的正妃，其有德，能尊敬师傅，躬俭节用。

姬昌是谁？是西伯，周文王，是周武王灭商以后所追封的。

不知道春天的芦苇如何青翠，也不知道夏天的芦苇如何茂密，当然也不知道秋天的芦苇如何清逸，我只看见冬天的芦苇，几乎都枯萎了。芦苇出水，广无际涯，其色黄白，干干净净。阳光倾洒，碰到杆上或叶上，仿佛发出了金属似的音响。芦苇根部，注然是水。清澈、沉静，藏着鱼，藏着虾。虽是初冬，以阳光尽照，并不寒冷。

船缓缓而前，到了处女泉。不喜欢，是觉得透着一缕俗气，然而也没有十足的反感，更没有批评。洽川湿地有穴，暖流自涌，可以洗澡。经营处女泉的女士说："当年太姒在此洗澡，周文王看见了，便喜欢上了太姒，并终成正妃。"

文化就是这样，它一再演绎，反复变迁，且连续积累，尽管表面已经全非，不过其内核仍在。问题是，文化搭台，经济唱戏，显然在亵渎文化。不尊重文化，经济能强吗？

①黄河摆过去了，这里有了洽川湿地。谢谢，它激发了我的思考。

❶ 结尾点题和抒情，揭示"黄河摆过去了"的深层含义，即黄河"三十年河东，三十年河西"的现象为人们带来了丰富的湿地资源，创造了悠久的黄河文明，体现了"我"对大自然馈赠的感恩之情。

延伸思考

1.品读文章，根据要求赏析句子。

（1）风景入目，竟不是我所臆测的那种荒凉和凋敝。（从词语角度赏析）

_____

_____

（2）阳光倾洒，碰到杆上或叶上，仿佛发出了金属似的音响。（从修辞手法的角度赏析）

_____

_____

2.作者在写姬昌迎娶太姒的传说时采用了什么记叙顺序，有什么作用？

_____

_____

3.谈谈你对文章标题"黄河摆过去了"的理解。

_____

_____

风凌石

名师导读 ▶

　　风凌石是戈壁滩上经过地质巨变而形成的造型各异的小石头。作者以自己捡到的一块风凌石为写作素材，不但从科普的角度为读者讲解了风凌石形成的过程及其重要的考古价值，而且展开了丰富的联想与想象，将读者带入精彩的历史故事。

　　朝发酒泉，往敦煌去。车过瓜州，见路边搭着帐篷，农民卖蜜瓜、葡萄，还卖锁阳、苁蓉和甘草之类。有朋友便味觉活跃，怦然动了心，从而收缰驻足，稍做逗留。①考察丝绸之路，每一郡都有发现，每一站都有惊奇。

❶ 这句话起到了总领全文，引出下文的作用。

　　我离开路边 800 米，在戈壁滩上拣了一块风凌石，真爱，遂尽其行程，随我回家。在八仙庵古玩市场选购了一方木座，略凿槽口，使之安然镶置。可以晨昏瞻望，有浮想联翩之效，颇感自得。瓜州一位老师说："风凌石就是由风吹出一定态势的小石,看起来很有意思。"

我的风凌石是一个梯形,长不足两拃,宽有五指,高过一拳,属于小石,然而它深具大山的气象。悬崖、沟壑、峻岭、巉岩、高岗,当备尽备。它还含矿物质,也有玉粒和玉绪。品相嶙峋,颜色青白,显然饱经沧桑,进入了化境。

戈壁滩及我所拣的风凌石,是地质巨变的结果,甚至风凌石属于海底抬升以后亮出来的小石。水退去了,它才见识了日光月辉,灿然星辰。风凌石在戈壁滩上的历史应该以亿万年计。

人类晚出于风凌石,不过人类因为欲望的驱使到处活动,图谋生存和发展。它见证了人类彼此的残杀。① 它知道乌孙人、月氏人、匈奴人、汉人,都曾经在此争夺。从东方过来的张骞、霍去病、班超、薛仁贵,勇敢至极,无不骑马从它周围飞过。黄沙百战,血染疆场;羌笛呜咽,阳关道险。我从长安来,它等到了我,遂自戈壁滩上请它而归。

戈壁滩上白日热,黑夜冷,风凌石随温差一膨一缩,遂裂隙冲缝,或直或弯,或断或续,如神秘的网络,疏而不密。

瓜州南有山,北有山,东风、西风、东南风、西北风,轮番在刮。② 谚曰:"一年一场风,从春刮到冬。"实际上亿万年以来,风就吹着戈壁滩。风凌石满是风尘,风又去尘,终于风又落尘。风尘像文物的包浆一样,让风凌石蕴积了内涵。风凌石与风尘已经完全相融。

我想洗一洗它,遂用水浸润。一旦见水,风凌石便有浓重的土腥味从它遍体的针穴毛孔之中喷吐而出,辐射袭面,猛烈刺鼻。触魂击魄的自然之幕顿然拉开,

❶ 列举丰富的历史事例,有力地证明了风凌石见证了人类彼此的残杀,既突出了风凌石的历史价值,又表达了作者对人类彼此残杀的感伤。

❷ 引用谚语,突出了瓜州常年有风的气候特点,又增添了文章的趣味性。

我听到风呼啸着掠过昆仑山，掠过天山，又携带着阿尔金山和祁连山的风，汇集在戈壁滩上，贴地而行。瓜州日月隐曜，星辰失光，灵禽壮兽统统埋伏。风卷着黄沙，连续碰撞琢磨着戈壁滩上的小石。风像雕刻之刀一样沿着小石固有的纹理切割刻镂。风尘汇而侵蚀，薄弱腐朽之质渐渐消退。亿万年以来，戈壁滩上的风便把一块瓜州的小石打制成了深具大山气象的风凌石。风是无形的，然而它持续不怠，便会以其结果显示自己的强劲有力。小石也是坚贞不屈，否则它早就湮灭了。

延伸思考

1. 联系上下文，品析"显然饱经沧桑，进入了化境"一句中"化境"一词的表达效果。

_____

_____

2. 结合全文，谈谈你对文章结尾最后两句的理解。

_____

_____

油菜花

名师导读 ▶

　　油菜是中国各地盛产的一种经济作物，作者以"油菜花"为题，用质朴的文字描写了广阔无边的金黄色的油菜花花海，为读者展现了宁静优美的乡村图景。但与此同时，作者面对油菜花离自己越来越远，农村里古朴的事物越来越少，现在的孩子对油菜花知之甚少等现实，表达了深深的遗憾和无奈之情。

❶ 开篇提出两个疑问和自己的猜测，起到了设置悬念，激发读者阅读兴趣的效果。

① 油菜花为什么不是红的或紫的？为什么它是黄的？因为它有金黄的花，所以才可以榨出亮黄的油吧！这是从小时候我就想的问题。

　　汽车向南，出了秦岭最后一个隧道，进入汉中辖区，到处都可以看到油菜花。旧房边，破庙边，黄的小小的一畦，有一种珍贵感。土地平旷，黄得无边无际，有一种豪华感。三面环山，当其缺口为漫坡，黄得便有了立体感，像交响乐的旋律。

这几年清明之际，汉中到处都是西安人，宾馆爆满，一床难求。在欣赏油菜花以前或以后，他们多会争先进饭馆吃一种调有辣子和辅以豆芽的面皮，热的凉的皆备，不过西安人好食热的。

一旦刘邦为汉中王，汉中其城就腾声历史，名响天下。沿江而居，遂幽静、秀气，雨润尘抑，蔬鲜鱼肥，男容俊，女姿媚，可惜昔日有秦岭大阻，往返不便。修了高速公路，距离缩短，四个小时就能畅然到达。不过汉中其城也推墙拆屋，筑通衢，盖高楼，那些总使人留恋的梧桐树下或芭蕉之间的茶摊便悄然匿迹，那些斜檐灰瓦的民宅，更是所剩寥寥。有一条银河大道，显然属于提升形象的，两旁移植了一色的银杏树，枝杈之间，缠电线，悬电灯，晚上白光如水，沿其圆管忽然下泻，循环反复，造成一种时代的气氛。

我带着儿子穿越汉水，到农村去欣赏油菜花，司机说："过去就不用跑远，今天盖了高楼的地方全是油菜花。"

把十岁的儿子拉到油菜花跟前，给他指认光滑的杆，披针形的叶子，浅黄色的花，沙粒一般的果实。① 大地上的知识比课本上的知识当然又饱满又可靠，然而学生几乎年年在做题，月月在做题，昼夜在做题，到田野去的机会极少。香气浓郁，有蜜蜂嗡嗡地飞着，翅膀像油菜花一样黄。遗憾儿子兴趣平淡，心不在焉。② 不知道他想到何处了，竟突兀地问我："这是不是转基因产品？"

油菜花之间往往是麦苗，有风掠过之际，绿浪便推出了黄浪，寂寞的田野骤生动感。油菜花之间也会出现一垄育秧的黄壤，丈夫与妻子在并肩碎土，以准

① 将大地上的知识和课本上的知识进行比较，表达了作者对现在的学生不能经常接触大自然的遗憾之情。

② 采用语言描写，写儿子提出"是不是转基因产品"的问题，说明现在的孩子已经不懂得去探索自然本身的乐趣，体现了"我"的惋惜和无奈心情。

61

备蓄水种稻。问："为什么不到城里去打工？"说："自己觉得怎么好就怎么生活吧！"田野蕴藏着哲学，这是孔子的发现。不过那些专家和教授似乎都喜欢在故纸堆里或资料库里搞研究，终于两手空空，只落得一头白发，半腔牢骚。我的故乡就在田野上，春天曾经也有大块大块的油菜花，不过现在地已经被征，民宅正在搬迁，既无麦苗又无油菜花了。我见汉中的油菜花灿烂如笑，固然欣快，不过也稍存伤感。① 小路从油菜花之间蜿蜒而出，有姑娘提着篮子款款而来，头发烫染，服饰时尚，没有一丝的稼气。当然也有彻头彻尾的老头赶着老牛走过油菜花的，这让我不禁喟叹小路之长，民生之艰。隔水望过去，或是隔着疏落的一片白杨望过去，随势起伏的油菜花似乎是一种幻象。夕阳斜照，晚霞空明，凡房子高高低低，几乎都是白墙方窗，红门尖顶。这样的农村静卧在油菜花之间，有一种自然打上了劳动烙印的真实之美。

❶ 对小路上姑娘的外貌进行描写，写出了姑娘"时尚"的形象特点，但这样的形象与油菜花显得格格不入，表达了"我"对过去朴实的农村氛围的怀念之情。

延伸思考

1. 联系上下文，赏析加点词的表达效果。

不过汉中其城也推墙拆屋，筑通衢，盖高楼，那些总使人留恋的梧桐树下或芭蕉之间的茶摊便悄然匿迹，那些斜檐灰瓦的民宅，更是所剩寥寥。

_____

_____

2. 文章结尾段中"隔水望过去，或是隔着疏落的一片白杨望过去，随势起伏的油菜花似乎是一种幻象。夕阳斜照，晚霞空明，凡房子高高低低，几乎都是白墙方窗，红门尖顶"两句采用了什么表现手法？有何作用？

_____

_____

樊川犹美

名师导读 ▶

　　《樊川犹美》是作者的散文中极具代表性的文章。作者以"樊川犹美"为标题，先写古代樊川的自然与人文风光，展现了樊川令天下人羡慕的独特而美丽的风景，体现了作者对故乡的赞美和喜爱之情；接着笔锋一转，写了当前樊川自然环境遭到污染、生态平衡被打破的现状，呼吁人类关注生态问题，不要对自然资源进行过度开发与索取；最后，作者由眼前的景色联想到民族的性格，强调热爱民族。本文的主题从呼吁人们保护生态升华到热爱民族的高度，引发了读者的思考。

❶ 引用杜牧《朱坡》中的诗句"迥野翘霜鹤,澄潭舞锦鸡。"开篇，增加了文章的艺术性，同时引出下文。

①迥野翘霜鹤，
　澄潭舞锦鸡。

　　这是唐代诗人杜牧所看到的潏河。他生活于公元803年至公元852年之间，一生之中的某些时候是在潏河之滨度过的。所谓的潏河之滨，就是樊川。

樊川是一片狭长低凹地带，伟岸的少陵原与起伏的神禾原，在它的两边崛然隆起。樊川的天空仿佛是一个淡蓝的盖子，显得十分高远。从它的东端引镇到西端下塔坡，尽是平畴沃土。严峻的秦岭，日夜从缭绕着云雾的山顶俯瞰着它，而少陵原和神禾原则像两匹黄色的骏马，始终追随它奔跑。

潏河之源在秦岭北麓的大义谷，它从这里涌出，然后汇合白道谷和太乙谷的溪流，水量大增。潺潺地流过樊川，将这里滋润得青翠欲滴。站在少陵原或神禾原上，可以看到潏河的流水，阳光之下，像一条透迤的断断续续的白练，樊川深厚的碧绿为它欢呼。

杜牧所见的潏河的样子，①其气之朗然，其禽之怡然，其水之清，其流之响，我仍可以感觉。

樊川自古很美，所以它成了汉大将樊哙的封地。②这个屠夫出身的人，随刘邦共同起兵，并跟着刘邦南征北战，英勇杀敌，斩首近二百人。鸿门宴上，樊哙为保刘邦性命，擅自闯进项羽的帐篷，此时此刻，项庄舞剑，意在沛公，他不但镇定地拦挡了寒光，而且巧妙地送走了刘邦。刘邦知道他的功劳，登基之后，将少陵原和神禾原之间的土地赐予樊哙。

不过，樊川真正成为一片胜地是在唐代，尤其那些达官富豪与高士骚客，经常在韦曲和杜曲游玩，成为樊川的欣赏者和建造者。③韦氏家族以韦曲为中心而聚居，韦皇后的娘家和宰相韦安石的别墅皆在这里。杜氏家族以杜曲为中心而聚居，杜佑致仕之后，在这里度过了晚年。杜甫流寓长安期间，有一个阶段就将家安在樊川。在这些文人的悉心经营之下，樊川成了一个令天下艳羡的地方，所谓城南韦杜，去天五尺，

❶ 连续用四个相似的短句构成排比句，增强了句子的节奏感，且呈现了潏河优美的环境，体现了"我"对潏河的喜爱和赞美之情。

❷ 插入樊哙获得樊川之地的历史故事，既增添了文章的趣味性，又突出了樊川历史悠久的特点。

❸ 以韦氏和杜氏家族在樊川聚居的盛况为例，有力地说明了樊川在唐代受到达官显贵与高士骚客青睐，进而成为天下人艳羡之地。

便是指这种形势。

唐代是中国社会发展过程的一个高峰，这个社会所产生的贵族，无疑是其文明的重要标志，起码是重要的标志之一。如果从这样的角度考察问题，那么唐代的樊川，当然充满了唐代的精神与风尚。千年之后，我仍然可以从当时骚客的诗歌之中，领略那种华丽而显赫的生活。它的气息，显然残留其中。

> 韦曲花无赖，
> 家家恼煞人。
> 绿樽虽尽日，
> 白发好禁春。
> 石角钩衣破，
> 藤梢刺眼新。
> 何时占丛竹，
> 头戴小乌巾。

❶ 解说诗歌的写作背景和郑驸马显赫的身份，衬托了唐代樊川是达官显贵的居住之所。

①这是杜甫奉陪郑驸马的诗歌之一。郑驸马是唐玄宗的女婿，其宅第在樊川南岸的神禾原。

> 数亩园林好，
> 人知贤相家。
> 结茅书阁俭，
> 带水槿篱斜。
> 古树生春藓，
> 新荷卷落花。
> 圣思加玉铉，
> 安得卧青霞。

这是钱起对杜佑别墅的印象。钱起为吴兴（今浙江省湖州市）人，公元 752 年进士，常有隐逸之意流露。① 杜佑在樊川的别墅属于城南之最，其陇云秦树，风高霜早，周台汉园，斜阳衰草。杜佑的坟墓在樊川北岸的少陵原。

❶ 通过环境描写，交代了别墅周围的景色，营造了清幽的气氛。

谁无泉石趣，
朝下少同过。
贪胜觉程近，
爱闲经宿多。
片沙留白鸟，
高木引青萝。
醉把渔竿去，
殷勤藉岸莎。

这是郑谷在樊川的感受，其闻几个朋友要游樊川，兴起，遂将自己的情思告诉了朋友。郑谷是江西宜春人，公元 887 年进士，其以咏叹鹧鸪而为长安文人所知。

②邀侣以官解，
泛然成独游。
川光初媚日，
山色正矜秋。
野竹疏还密，
岩泉咽复流。
杜村连滴水，
晚步见垂钩。

❷ 诗歌开篇交代邀请朋友一起游玩，结果朋友没来，成了独游的情况，奠定了孤寂落寞的情感基调，反衬出后面所见之景的优美。

这是杜牧在特定心情之中的樊川：杜牧邀请舍人沈询游其故园，遗憾没有等到对方。杜牧是杜佑之孙，公元 828 年进士及第，以济世之才而自负，曾经多方为官，公元 852 年逝世。

❶ 这句话是过渡句，起到了承上启下的作用，承接前文樊川郊野的秀丽，引出下文樊川独特的魅力。

① 实际上樊川不仅仅是风景秀丽的郊野，如果它单单是一个河水流淌而山原并立的地方，那么它就不会产生如此巨大并持久的魅力。这里建造了很多的山庄别墅，为达官显贵所有，其中著名的是：何将军山林、郑驸马池台、牛僧孺故居和杜牧别业。骚客也是希望从政的，他们喜欢樊川，难以排除希望亲近达官显贵的心理。樊川就有一些骚客的庄园，岑参、韩愈、元稹、郎士元、权德舆、韦庄，都曾经在这里居住过。② 在中国，知识分子阶层一直存在着这样双重的性格，既热衷仕途，又喜欢逍遥，仕途使他们显赫，逍遥使他们自在。

❷ 解说知识分子阶层既热衷于仕途，又喜欢逍遥的矛盾心理让他们选择了樊川，侧面突出了樊川独特的环境。

这是一种矛盾的心理，樊川为这种痛苦的消化提供了条件，这就是：他们既可以投入官场，又可以寄情山水，尤其是官场的失意能够在山水之中解脱。我认为，在樊川集中地体现了唐代知识分子阶层的一种观念。现在，那些漂亮的山庄、别墅已经没有了，但那种既想入世又想出世的心理，却一代一代地积淀着，遗传着。

去年今日此门中，
人面桃花相映红。
人面不知何处去，
桃花依旧笑春风。

❸ 交代崔护写这首诗的背景，并且展开丰富的想象，写崔护邂逅女子的过程，丰富了文章内容，同时也引发了读者的联想。

这是崔护的诗，题在樊川的一个农家的门扉上。③ 崔护是唐代博陵（今河北省定州市）人，公元 796

年进士，不过大约在此之前，他落第独游樊川。清明，他散步于鸟语花香之中，不知不觉来到一户农家。此处草木葱翠，寂静无声，遂敲门求饮。一位女子开门递水，之后，独倚桃花之下，注目崔护，倾慕之情忽然流露。崔护询问，她不语，崔护遂默然而去。到了次年春日，崔护思念之情涌动，便再到樊川寻找这个女子。然而，门墙如故，桃花盛开，人已经无影。

在唐代产生了众多的诗人，崔护以这首《题都城南庄》而名垂千古。后人无不赞赏他形神皆备的人面桃花，可我感兴趣的却是崔护在落第之际到樊川独游的目的。感伤与落寞的心是需要同情和鼓励的，然而他所需要的，五陵少年不会给他，长安王孙不会给他。如果幸运，那么他会遇到为官的骚客，也许他们可以给他以帮助，这种帮助即使是一些简单的安慰，都可能让他温暖。于是,他就到了这骚客好聚的樊川。我想，这样的猜测是有一定道理的吧。

当然，^①樊川在历史上所显示的分量，另一个重要的原因是,这里有八大佛寺。佛教传入中国是在汉代，不过它作为具有中国特色的佛教的完成，显然是在唐代。这个阶段，上流社会和下层人民都以信奉佛教为大事，他们从佛教之中，接受了因果报应和平等要求的观念，从而使佛教成了这个时代的主要信仰。唐朝人希望佛居住在青翠的樊川，于是，樊川就有了八大佛寺，其中屹立于少陵原南岸的兴教寺和坐落在神禾原北坡的香积寺最为著名。尽管历经沧桑，但我在樊川却仍可透过丛丛树木，看到兴教寺的红墙，并穿过蒙蒙烟岚，发现香积寺的砖墙。红日蓝天之下，佛地一片静虚。这样，樊川就不但表现为这里有世俗的快乐，

❶ 这句话突出了八大佛寺在樊川乃至整个中国的重要地位,同时引出下文。

而且有天国的气氛。

在这里，我久久沉浸于樊川的昔日，难以自拔。我从零落的诗歌之中，看到了樊川的华丽、尊贵、秀雅、宁静。这是一个民族精神处于高峰阶段的产物，想象一下那个时代，想象一下那个时代的情调，我感到自豪。

可惜，在历史的进程之中，一次接一次地出现兵乱、起义、战火，它们将赫赫唐都多次洗劫，多次毁坏，樊川当然也不能避免蹂躏了。事实是，现在要在这里寻找一块别墅庄园的砖瓦都很困难，甚至当年那些贵族的后裔都下落不明。

①然而，樊川犹美，这是我的感觉。在春天的樊川，我情不自禁，它属于我的故乡，我有幸自己的家就在少陵原。小时候，我曾经向这里眺望，在这里走动，但樊川的美却只有在这个春天我才能如此明确地认识和领会。

②黄昏，夕阳柔和的光辉照耀着樊川，由于没有山也没有原的阻挡，那些金黄的颜色长驱直入，铺满大地，并久久在这里徘徊。光洁的古道悠然从这里通过。人已经稀少了，高耸的一棵连一棵的白杨，排列于古道两旁，微风吹拂着明亮的树叶，银灰的树皮反射着夕阳的光辉，那里偶尔会出现昆虫啄出的黑色的窟窿。走在这样的古道上，心情是难以平静的，你会想到从田野突然窜出的土匪，也会想到曾经有唐朝的文官武将在这里通行，他们或坐轿子，或骑骏马，随从和美女跟随其后。

韦曲附近，到处都是菜园。农民将塑料薄膜搭成拱形的棚子，温暖的薄膜之中，鲜嫩的蔬菜正在成长。③棚子一个一个联合起来，使大片的田野都处于

① 这一句起到了点题的效果，体现了"我"对樊川的赞美和喜爱之情。

② "长驱直入"本指军队毫无阻拦地进军，这里用来形容金黄色的阳光在樊川直接照耀，毫无阻挡，突出了樊川平坦广阔的特点。

③ 采用动静结合的手法，描写蔬菜大棚连成一片的静景和农民劳动的动景，描绘了一幅优美、恬淡的乡村图画，表达了作者对乡村的喜爱之情。

塑料薄膜的覆盖之下，于是薄膜的白色就在夕阳的映照之下一片明亮，这使远方稠密的树林显得幽暗、阴沉、凝重。农民正在菜园浇水、施肥、锄草，一个壮实的姑娘，面色红润，汗水微渗，扶着锄头向古道上的行人张望。红色的倒扣的瓦罐下面是韦曲的名菜芽黄，其叶黄似金，茎白如银，整齐卫生，爆炒脆而不腻，做汤浮而有腴。

小麦正在拔节，乌黑的秸秆密密麻麻，在夕阳之中凝然不动，坚不可摧。一种夏天的庄稼成熟的气息，正从远方而来，从孕育着的穗子而来。桃花已经谢了，树下的落英，仿佛红霞铺在地面，豌豆大小的果实开始生长，也有一瓣两瓣干枯的桃花仍夹杂于它的绿冠之中。① 菜花长得发狂发疯，很多都开了杈子，过一些日子，它就要成熟。那时候，农民会用锋利的镰刀收割它，碾打它，然后将红沙似的菜籽装进机器搅拌，从中榨取它的汁液作为食用油。

比较平缓的神禾原北坡，被淡淡的雾气所掩映，绿光在那里闪烁。少陵原南岸绵长的悬崖一带，开满了紫色的桐花，无穷无尽的桐树，将硕大的树冠支撑在蓝色的瓦房上空。② 从韦曲到杜曲，这些桐树组成的景色没完没了，你随时可以看到朴素的桐花，夕阳之中，它的芳香一阵一阵地在樊川流动。其他杂草和杂树，都尽力占据南岸的一方水土。这里阳光充足，空气清新，有风有雨。一个牧羊的农民，驱赶着棉团似的白羊在弯曲的小路上走动，可见鞭子挥，不闻鞭子响。在挖掘得非常平整的崖畔，常常会现出成排的窑洞，它们曾经为军队所居住。但我看到的却是废弃的黑洞，它们将自己寂灭的眼睛对着夕阳普照的樊川，

❶ 作者看到菜花便展开联想，写菜花疯长、成熟，农民收割菜籽的场景等，展现了作者对丰收的向往。

❷ 从视觉和听觉的角度来写桐花，突出了桐花朴素淡雅的外形和芳香的特点。

显得神秘莫测，阴森可怕。黑洞远离村子，处于荒野的平坡，没有人知道其中窝藏过什么，也没有人知道其中即将发生什么。走在白杨萧萧的古道，眺望着在夕阳之中那么宁静，那么沉默的黑洞，我不由自主地胡思乱想，我总感觉一些特殊的人会在那里做些什么事情。

❶ 运用比喻的修辞手法，将少陵原南岸的平原上出现的褶皱地貌比作伸长了脖子吃禾苗的老牛和收藏了脑袋的巨龟，突出了樊川地貌别致，引发人丰富的想象。

绵延十五公里的少陵原南岸，并不是一样的平整，它不但上下起伏着，将天空挤压成一条游动的曲线，①而且某些地方会忽然向前突出，像一头老牛伸长了脖子要吃樊川的禾苗；某些地方会突然向后缩回，像一只巨龟收藏了自己的脑袋。不过，沿着向阳的南岸一带，村子是众多的，它们一个连着一个，各种各样的杂树，欣欣地从房屋前后街巷左右窜出。在幽静的绿叶之中，显得十分嚣张的一种当然是桐树，它全然是大朵的紫色桐花。村子是安静的，大人都劳作去了，唯有小孩、狗、鸡，在村子玩耍。在这里建了几所学校，夕阳之中，成群成群的学生坐在半坡上读书，有的站在树下吟诵，他们面对空蒙而翠绿的樊川沉醉着。

❷ 作者回忆自己在少陵原学习的经历，达到了虚实结合的效果，突出了"我"对少陵原学习生活的怀念和对少陵原的热爱之情。

②我曾经在坐落于少陵原南侧的长安一中学习了半年。那时候，我正为考取大学积极准备，在同学之中，我是最贫穷最忧郁的一个，我视大学为我命运的转折。我穿着补丁衣服，啃着干硬的馒头，寻找我所需要的教师以向其请教。我18岁，常常独自在樊川散步，在少陵原走上走下，我强烈地感觉一种纯正而顽强的气息在我身心涌动。那时候，我专注地复习我的功课，没有心情欣赏樊川的美。尽管如此，它的美仍然渗透于我的灵魂，陶冶着我的精神，甚至，它的美

为我做着向上的启示。遗憾的是，对这样积淀着中国
文化的自然环境，我久违了。复杂而喧闹的生活诱惑
着我东进西攻，某些时候我感觉茫然，我怀疑我的追求，
不知道我攫取的是垃圾还是金子，我难以意识我在向
什么方向发展。

　　夜晚，我感觉少陵原和神禾原为樊川制造了一种
闭塞之感。这里显得十分黑暗，但狭长的苍穹却因为
樊川而格外透明，^①无数稠密的星星像玉兰一样开满
天空，我在城里永远难以看到这样清朗而爽快的天空。
一些星星是朦胧的，它们在遥远的银河之外；一些星
星是灿烂的，闪烁着雪山或河冰似的光芒。南边的天空，
逐渐地倾斜下去，飞越神禾原，投入终南山。北边的
天空显然为少陵原生硬而陡峭的悬崖所切断，那种起
伏的印痕清晰可见。在这里，我惊奇地发现天空不是
沉寂的，它简直是一个由星星组成的热闹的世界。树
木已经被夜晚的雾气融化，唯有高高在上的白杨的树
冠悬挂天空，不过它们的树干也消失了，树枝也消失
了。零落的灯光从村子闪出，我走过麦田之间的小路，
感到林子的众多的灯光被蓊郁的树木遮挡了。平坦的
古道已经没有什么行人了，唯有汽车偶尔疾驰而过，
汽车的灯光迅速地从麦田扫过，铁青的凝成一片的麦
苗遂有了嫩黄的色泽。灯光轻快地滑翔着，仿佛麦田
起了波浪。汽车消失在遥远的地方之后，这里归于宁
静。寒凉的风，含有一种春夏之交的混合气息，这种
气息让我兴奋、振作，感到生活的魅力。在夜晚的樊川，
这种感觉竟是那样的强烈，我几乎要呼喊而出。我面
对着无边无际的麦田；面对着终南山、少陵原和神禾原；
面对着星空，我就那么呼喊了。然而，我的声音消失

❶ 采用比喻的修辞
手法，将繁星比喻
为盛开的玉兰花，
生动形象地写出满
天繁星密布，非常
具有画面感，表达
了作者对樊川自然
风光的喜爱之情。

❶ 运用以动衬静的手法，用农人们的咳嗽声、母亲拍打孩子的声音和狗吠声，反衬出农村夜晚的宁静。

❷ 对小麦和白杨树叶子的细节描写，突出了其勃勃的生机，衬托出整个樊川清晨的美好。

在旷野之中，一点儿回响都没有。①倒是农人在他们房子咳嗽的声音，母亲迷迷糊糊拍打孩子的声音，我听得清清楚楚。狗会忽然在一个遥远的地方叫唤起来，于是，四周的狗就都在狂吠。

早晨，空气是清冽的，仍带着寒凉之意。我骑着车子，手在风中感到冰冷。淡淡的白雾淹没了整个樊川，麦田、树木、流水，甚至行驶的三套马车，都仿佛在乳汁之中洗濯了一样。②小麦的叶子微微有些蜷曲，而白杨的叶子则敷着薄薄的水汽，它们都将在阳光照耀之后舒展或蒸发。桐花膨胀在湿润的空中，似乎更娇嫩，更丰腴。它的气味在早晨仿佛浓缩和凝结了，那般使人感到刺激。太阳红了，樊川一片熹微，各种各样的鸟儿从树林飞了出来，它们鸣叫着，在槐树、椿树和白杨之间跳跃。新的一天在樊川开始了，我看到成群结队的孩子走向学校，农人走向田野，有的农人通过古道到城里去经营其他生意。妇女已经在溪流之中洗衣，那些溪流是从少陵原和神禾原的根部冒出的，沿着樊川一带，随时随地都有水从高原的根部冒出。那水是细小的，绵长的，经过深厚的黄土的过滤是洁净的。几乎在原下的所有村子，都有这样的溪流，溪流的两旁，耸立着粗壮的老树。

中午，我沿着潏河顺流而行，明亮的阳光照耀着樊川这片低凹地带。广袤的田野，散发出一种土壤与麦苗混合的气息，这气息是浓郁的，只有富饶的地方才有这样的气息。潏河穿流在这样的气息之下，它宽大的河床满是石子，这些石子可以作为建筑材料，农民挖掘石子所留下的坑洼到处可见，狼藉斑斑。茂盛的白杨扎根在潏河两岸，常常有白杨倾斜于水面，它明亮的叶子仿佛打了油一样光滑，微风翻动着它们。阳光穿过白杨的枝叶，让水变得闪闪烁烁。河水平缓地流淌着，它时而展开成为薄薄的一片，时而收紧成为细细的一束。圆的石头、扁的石头，时而露出水面，时而深入水底。沿滈河而行，我在微微的闷热之中感到一股清爽，这当然是水的气息。可惜，水在杜曲一带给污染了，我难以相信水成了这样的颜色和形状：①河床之中，仿佛铺了一张肮脏的牛皮，一股潜在的力推着它迟缓地走动。聚集在一起的泡沫随之漂浮，所有的石头和草蔓都沉潜于这张牛皮之下。②这一带滈河，西安美术学院的学生称之为啤酒河，而村子的农民则称之为酱油河，足见其污染的程度。我在一片野草丰厚的田间躺了下来，我不由自主地躺在那里。天空并不是蔚蓝，仿佛更多更深的是灰白，云没有形成那种游动的团状或块状，云是薄薄的连接在一起的。四周是寂静的麦田，不过，在寂静之中仍有自然的声息。我可以感觉昆虫的活动，蝴蝶或蜜蜂会从我身上飞过。

> 迥野翘霜鹤，
> 澄潭舞锦鸡。

我默默地吟诵着杜牧的绝句，一种巨大的变迁之感敲击着我的心。不但人类在变化，而且其赖以生存的环境也在变化，悲哀的是，这种环境并没有向好的方向发展。我躺在那里，倾听着滈河流动的声音，竟产生了这样的忧患：③人类贪婪地攫取自然，这种不顾后果的行为，可能就是自掘坟墓。我想如果杜牧先

❶ 运用比喻的修辞手法，把杜曲河面比作肮脏的牛皮，生动形象地展现了河面肮脏发黑的样子，表达了作者愤懑的心情。

❷ "啤酒河""酱油河"的绰号，将滈河被污染后的样子描述得十分形象，与前文滈河的清澈、美丽形成了鲜明的对比，表达了作者内心的伤感。

❸ 提出观点，警醒世人，突出环保主题。

生现在看到潏河，一定是没有诗兴了。

　　然而，当我从田间站起来的时候，我仍可以感到无穷无尽的苍翠向我靠拢，向我汇集，而且所有的树木、绿草、田野、小桥和流水，都沉浸在明媚的阳光之中，于是我就这样告诉自己：

　　"我们的祖先毕竟是智慧的，看看这里宁静的天空，看看山的白岩和原的黄土，看看风怎样吹动树木的叶子，看看鸟怎样展开光滑的翅膀，看看混在杂草之中的野花，看看照在石头上的阳光，看看古木掩映的佛寺，看看麦田相夹的小路，你就会知道他们多么亲近自然，多么注意享受。你就会发现他们灵魂之中消极与隐逸的意识多么深刻，① 如果你沿着这种思路继续行走，那么你大概就知道了自己所属的这个民族的性格。问题是，你不论是自豪还是悲哀，你都是属于它的。你别无选择！"

❶ 由眼前的景色联想到民族的性格，从呼吁人们保护生态升华到热爱民族，引发读者的思考。

延伸思考

1.联系上下文，分析"严峻的秦岭，日夜从缭绕着云雾的山顶俯瞰着它，而少陵原和神禾原则像两匹黄色的骏马，始终追随它奔跑。"这句话的表达效果。

_____

_____

2. 文章不但语言流畅、情感真实，而且用词非常巧妙。请选择一个你认为用得巧妙的词语，简要分析其表达效果。

_____

_____

3. 品读文章，谈谈作者为何要两次引用杜牧的诗句"回野翘霜鹤，澄潭舞锦鸡"？两次引用所表达的情感是否相同，为什么？

_____

_____

白鹿原

作者用眼睛去瞭望，用心灵去感受，用丰富的想象为读者打开一扇门，带领读者去了解白鹿原名字的由来，相关的历史故事，使读者在领略白鹿原"水深土厚"地貌特征的同时，也感受到了浓厚的历史文化气息，体会到了作者对这片土地深沉的爱和感恩之情。

周幽王毙，诸侯拥立其子姬宜臼为王，就是周平王。周幽王引起的一场大祸显然破坏了丰镐，国都不可居，遂东迁雒邑。护送周平王的诸侯有晋文公、郑武公、卫武公，不过秦襄公拥兵最多，也最忠诚，从而有功，获周平王所赐岐西之域，并晋升为诸侯。

周平王的车队经过浐河和灞河所冲积的一片土地，见其南接山峰，北控平川，立而耸，广且平，坦荡如砥，青木繁茂，芳草鲜美，有白鹿游于苑，顿感惊喜。当时这里还没有命名，诸侯便向周平王颂白鹿是祥瑞之兽，遂决定以白鹿原称呼这片土地。古人的命名总是又轻松又神奇，但今之人对事物的命名却乏味少魂，真是有愧贤智了。

白鹿原在西安东南，我常常登其高以舒啸，临其岸以虚怀。隆起遂敞，望西安之城，迷茫浩荡。① 曾经有诗咏叹此地曰："昨夜潇潇雨，今朝雨乍晴。坡高松韵远，云散雁飞轻。垄上禾添翠，篱边菊向荣。千村残照里，酌酒庆清平。"此为农耕文明的风情，可惜现在是城市化。这里出现了几所学校，建筑粗俗，颜色浮艳，显然难配故国旧都之黄壤，车旋人熙，春麦秋粟也渐荒疏。乡里向城市的过渡大约都是如此吧！

白鹿原居浐河与灞河之间，南北长约 25 千米，东西宽 6~9 千米，海拔 600~780 米。它高出浐河150~200 米，高出灞河 240~300 米。白鹿原在炮里的部分为炮里原，在狄寨的部分为狄寨原。这里有神鹿坊村和迷鹿村，应该是公元前 770 年周平王东迁之际出现白鹿的演义吧！多年以后，有士认为白鹿之游，当是秦时来运转的象征，因为秦人奋斗几百年，终于消灭六国，统一了天下。不过秦人在白鹿原上只留下一个天狗吠贼的纪录，还有一个狗枷堡。

② 实际上汉人对白鹿原的感情应该更为沉厚。公元前 206 年，刘邦攻秦，过武关，穿秦岭，便先驻军白鹿原，并接受了秦王子婴的投降。刘邦乘势进入咸阳，然而根底不深，竟流连秦的重宝和美女。幸有樊哙和张良进言，刘邦才明白了天命，退兵咸阳，再驻军白鹿原。在此他召集关中各县父老豪杰，许诺减税柔刑，休养生息，以得民心。他还约法三章：杀人者死，伤人及盗抵罪。项羽在鸿门设宴，刘邦不得不赴，并险遭杀害，后

❶ 引用诗歌来描绘白鹿原的景色，突出了雨后白鹿原清新翠绿、恬淡优美的风景。

❷ 将话题从白鹿原与秦人有关的历史转移到汉人对白鹿原的情感上，使文章过渡自然，起到了引出下文的作用。

来借口去厕所，才逃回白鹿原上的营帐。刘邦作为皇帝，葬渭水北岸，其龙子龙孙也多随他葬咸阳原上，但汉文帝却择白鹿原北崖凤凰嘴而葬，作霸陵。霸陵以峭壁为茔，不起坟冢，也不以金银铜锡为饰，罕见的俭朴。汉文帝葬白鹿原，其母亲薄太后也便葬于斯，其妻子窦皇后也便葬于斯。汉武帝是窦皇后的孙子，是他给祖母治丧的，所以非常豪华。霸陵，薄太后陵及窦皇后陵基本上在一起，尤以霸陵呈顶妻背母之势而突出，成为白鹿原的重要标志。霸陵在白鹿原的半坡偏下一点儿，于是世人也就呼白鹿原为霸上或霸头。

公元4世纪初到公元5世纪初，有136年史称其为五胡乱华时代，五胡是：匈奴、鲜卑、羯、氐、羌。公元407年，匈奴人赫连勃勃从卑躬为臣到反身为首，创建了大夏国。陕西榆林的统万城便是其发动民夫蒸土所营。不过赫连勃勃并不甘仅仅在塞上迎送北风之吹，他想掌握关中，遂在公元417年率兵攻占了长安。这个人当时在白鹿原上筑坛祭天，自封为皇帝。① 匈奴人为什么要选在白鹿原祭天呢？大约这里高入云霄，进可冲锋，退可断尾，比较安全吧！

① 运用设问的方式，自问自答引起读者思考，强调了白鹿原的地理优势。

唐朝人好长安东南的乐游原和少陵原，似乎因为白鹿原偏远，但皇家的酒却是由白鹿原西南一角的水酿造的。神谷有泉，其水甘洌，唐政府警卫部队严密禁守，并以骆驼送至大明宫，可惜其水现在已经近涸。

在白鹿原北崖低缓的斜面，久有住民。灞水涓涓，苇漫沙滩，形势清俊，气息朗润。陈忠实是中国著名的作家，其以白鹿原为生活背景的小说传播甚广。其家便在白鹿原下方的西蒋村，行政所辖为西安市灞桥区毛西街道。白鹿原是有养育之质的。

延伸思考

1. 作者为什么在文章开篇写周平王迁都的历史?

_____

_____

2. 联系上下文,赏析下面句子的表达效果。

白鹿原居浐河与灞河之间,南北长约 25 千米,东西宽 6~9 千米,海拔 600~780 米。它高出浐河 150~200 米,高出灞河 240~300 米。

_____

_____

国　槐

名师导读

　　作者是一个名副其实的"西安迷"，西安的每一条街道，每一座建筑，甚至每一棵树都让他着迷。因此，他写下了一篇又一篇关于西安的散文，将西安的点点滴滴和历史故事娓娓道来。《国槐》一文便是体现作者"西安情节"的经典佳作，为了写好这篇文章，作者几乎找遍了西安所有国槐，查阅了一系列与国槐有关的历史，为读者展现了不同的街道上国槐所呈现的不同景象，讲述了不同地点的古槐树背后的精彩故事……

❶ 运用比喻的修辞手法，将西安道路比作毛细血管，生动形象地展现了西安道路成辐射状分布的特点，为下文写不同的街道上不同的国槐做铺垫。

　　① 以钟楼为交点，西安成千上万的道路向四方辐射，一生二，二生四，街巷毛细血管似的布满其城。花草给城以绚烂，但城之魂却以树守。杨、柳、梧桐、合欢、银杏、松、柏、皂荚、樱桃、云杉、楸，皆是嘉木，有的也年岁悠久，德高望重，不过我还是喜欢槐。学有国学，医有国医，树有国槐，国槐为唐高祖李渊所封。

　　西安的国槐夹道而长，凡路皆植，或为今人所栽，或为祖先所留，星星点点，排列成行，线面作阵，浩浩荡荡，足有百万。

在周书里常常可以看到漆、栗、桑、榆、杨、柳、楸、檀、桃、李、梅、杞、栲、栎、扶苏与唐棣，然而槐未存焉。不知道为什么槐没有进入周人的视线。秦人似乎好松，史记："道广五十步，三丈而树，厚筑其外，隐以金椎，树以青松。"

然而汉人显然把槐纳入了长安的道侧路旁，有籍记录："长安地皆黑壤，城今赤如火，坚如石。父老所传，盖凿龙首山土为城。水泉深二十余丈。树宜槐与榆，松柏茂盛焉。"汉武帝甚至把其冥府选在槐里之茂乡，槐里是什么景象呢？之后槐就在长安扎下了根。

① 南北朝时，有齐梁之间的文学家何逊吟道："长安九逵上，青槐荫道植。"前秦的王猛也曾经向苻坚提议："自长安至诸州，皆夹路树槐柳。"当年还有民谣唱着："长安大街，两道树槐，下走朱轮，上有鸾栖。"显见槐之荣华。

不过只有唐朝人会欣赏槐，唐诗里的槐无不让我向往，允许我抄几句吧！王昌龄诗曰："青槐夹两道，白马如流星。"岑参诗曰："青槐夹驰道，宫馆何玲珑。"韩愈轻唱："绿槐十二街，涣散驰轮蹄。"白居易诗曰："槐花满院气，松子落阶声。"李涛长吟："落日长安道，秋槐满地花。"怎么样？妙！感觉槐能压躁驱俗，兴其味，酿其雅。

西安东南西北各有城门，箭楼之前之后皆种几棵老槐。墙砖尽灰，剥落斑驳，夕阳映槐的时候，进出城门，总会起沧桑之感。自朱雀大街至明德门，为当年唐政府的天街，直南直北几十里，其槐相随，宽广壮阔而

❶ 连续引用齐梁、前秦的诗歌、民谣来写国槐，突出了国槐历史悠久，且深受各个时期文人墨客和老百姓喜爱。

不失润泽，似乎是游丝般的皇家余绪。

新华门一带，新城广场一带，群槐翁郁，浓重成幽，荡漾着家园之气。北院门以北是二府街，再北是青年路，再北是糖坊街，平行并列，过去多栖官宦商贾之主，杨虎城公馆止园便藏在青年路。① 槐在这里皆两排，其木参差，其树琳琅如玉，其冠遮天蔽日，荫庇遂广。

❶ 采用比喻和夸张的修辞手法，"琳琅如玉"突出了国槐树木多、树干绿的特点，而"其冠遮天蔽日"则突出了国槐高大、茂盛的特点，体现了作者对国槐的喜爱之情。

从南大街到和平路去，我总是选择走东木头市，再经端履门，再过东厅门，再穿东县门。因为这一线众槐昂然，黛色为苍，博厚而肃穆。树皮发黑，深裂作块，如网如鳞，树冠呈圆，枝叶青葱，意态绿渗。风止槐静，风起槐动，敏感得仿佛有神经似的。这一线皆民居，多是旧户旧房，小铺小店，遂有一种宜人的安宁，所以即使不饿也想在此觅一家精致的饭馆临窗而坐，吃一碗面条。望着三轮车拉着其客缓缓行来，徐徐行往，尤其是偶尔发现槐米飘摇而下，掉在对面屋檐的瓦上或遮阳的伞上，不免觉得生活的实在和艰辛，当然也有对生活的希望。

鼓楼正街饮食发达，杂货累累，各国人士，各色人等，摩肩接踵，昼夜涌流，而且喧哗不息，大有永世淹没之势，此地之槐便难展风流。正学街狭窄而长，全是制作匾牌和锦旗之门肆，此地安安静静，其槐遂修长向高，通脱有飘逸之派。南院门附近之槐，随势散布，中正有度，疏朗不挤，因为此地一直都是衙门所在。

❷ 运用拟人的手法，使国槐人格化，生动形象地写出了含元路两旁的国槐为了适应街道高低的走势而不得不低下树冠，弯曲树干的情态，突出了国槐极强的环境适应性。

含元路倾向浐河，其直趋而下，完全是龙首原至此势尽所致，② 此路之槐遂不得不努力正身，以防低头弯腰。看起来槐也有自己的命运，环境会影响其状貌的，可惜它自己无法决定自己扎根何处。

槐之美在其坚实与妩媚融为一体。树木有的颇为妩媚，然而失之软弱；有的颇为坚实，足以呈材以用，然而失之简陋，观其形容不丽，风度不具。槐的主干沉稳牢靠，有屹然而立之姿，其枝精细且透青渗绿，有柔忍之性。特别是其叶，小巧玲珑，风左风右，风上风下，皆能映天闪光，真是灵性毕现矣！不过它也不仅仅以槐之架势榜样而招摇于世，槐之为材，品质强硬，密其纹理，耐其潮湿，可以造船、雕刻、做家具。它所开的一种黄白相间的花，就是槐米，为清凉收敛之药，可以止血，小时候我在农村便捋过槐米而卖之。它的根、皮、种子，也可以入药，其种子富含淀粉和脂肪，榨油也行，喂牲畜也行。

在西安地界，现在有百余棵古槐。所谓古槐，以百岁计，百岁以下就不算古槐了。清之槐，明之槐，当然都是古槐，也饱经风霜，苍劲十足，然而我喜欢更老的，老到八百岁以上才好。

有闲有心之际，我便奔走西安寻找古槐。

在鄠邑区渭丰乡坳河村所见古槐是在冬日，树龄1000年。乌云盖天，冷气贯日，其槐枝僵叶脱，主干全黑，我以为它死而且腐了，但一个老头却铿锵反驳："活着。"

蓝田县九间房镇上寨村古槐树龄1100年，春天的朝辉照在其新枝嫩叶上，确实让我感到生命的神奇。其主干空洞唯皮，然而它的枝叶一旦出寒逢暖，便会发生以呈青绿。[①]依我的经验，一棵古槐独立一隅会让人惊异，不过几棵或十几棵古槐集合为队，形成气氛，就会让人肃然起敬，甚至言行有礼，自己要禁止自己之嬉闹。

在碑林区书院门孔庙周边有三棵800年的古槐，

❶ "肃然起敬"是对某人或某物产生敬佩的情感。这里写古槐让人产生敬佩感，体现国槐庄严、肃穆的特点。

其西邻的长安学巷也有三棵800年的古槐。它们有的参天撩云，有的一枝横空，大约怕横空的一枝突然折断，有人遂把横空之干以铁柱支撑着。徘徊于这些古槐之中，见皮损材露，材朽心虚，不禁会感慨生命之艰，活着实难，甚至觉得古槐凄凉，当然也会钦佩古槐之伟大！

在荐福寺的小雁塔南北院子，有七棵唐槐，树龄皆千年以上。它们苍老不堪，不堪也依然傲挺。① 其中一棵唐槐有孔穿躯，像窗口似的竟可以从此岸透视到彼岸，唯靠两侧的薄皮连接而活着。一阵风过，枝叶如琪，荡漾如波，似乎是遥远而神秘的雄风！

东关南街大新巷一带属于过去的兴庆宫辖区，唐玄宗曾经于斯活动，② 此地有一棵1300年的古槐，谓之神龙槐。树高20余米，树围4余米，树冠170余平方米。枝叶婆娑，给夏日的地面投射了一片巨大的清凉，坐在树下的一个老头说："神龙槐灵得很，你求什么它应什么。"其扭曲的干上果然系着红布，显然有人曾经向它作过祈祷。不过它的主干有一道朽槽，为使古槐不摧，有人用钢筋水泥塞以朽槽，遂坚固了。

长安区韦曲街道崔家营村的古槐1100年，其主干所生的枝多且长，树下所荫庇也广。③20世纪70年代，农民在沣河拉沙子，累了便躺在树下休息，十几匹马随其主也在树下休息。此古槐还有一绝，从主干的分杈之处，长了一株高约5米的丝绵。树中有树，当然为罕，遂招人纷纷观其绝！

长安区滦镇街道鸭池口村有古槐1100年，生长在无边无际的田野之中。南十里便是秦岭。④ 它曾经是山关庙之槐，清咸丰年间，一次洪水大发，冲毁其庙，

① 写古槐的躯干已经有了窗口似的孔，只剩下两侧的薄皮的凄凉外观，反衬出古槐顽强的生命力，表达了作者对古槐的敬畏和赞美之情。

② 采用列数字的方法，用数字来描写神龙槐的高大、茂盛，体现了神龙槐的历史悠久。

③ 列举拉沙子的农民带着十几匹马一起在树下休息的例子，有力地突出了这棵古槐树冠之大，令人印象深刻。

④ 采用插叙的手法，描写了这棵古槐曾经在洪水中生存下来的经历，突出了古槐顽强的生命力。

不过天道有情，以存此槐。夏日的黄昏，古槐像孤岛耸峙在海洋一样独立于苍茫的玉米苗之间。古槐干干净净，沉默静穆。穿过田野，我瞻仰了夕阳大肆渲染的这棵古槐。

①西安高级中学的古槐有800年，遗憾其屈居于三座楼房的夹角之中，挨着它的竟是锅炉房，烟囱直上，尘埃难道不会落到树冠上吗？还有人以洗澡水冲树根，这让古槐何以堪？主干粗壮，不过其材有洞，已经用钢筋水泥堵上了。人不善待，枝叶便蔫。所见古槐，此地的最为卑陋，也最是可怜。

临潼区晏寨乡胡王小学有汉槐，树龄足有2000年以上。乡里一直在传：楚汉相争，项羽设其鸿门宴，项庄舞剑，意在刘邦。幸有项伯以身挡剑，又有樊哙保卫，才免除了一道血光。见气氛趋和，刘邦借口如厕离席。慌乱之间，他忘了返灞上之路，遂要觅藏身之处把自己掩蔽起来。急中发现有槐亭亭玉立，就隐身，歇息，缓气，终于找到了灞上之路，遂回到军营。刘邦登基以后，就有人呼其槐为护王槐。煌煌汉之槐，当然属于树之瑰宝，木之明星。我慕名而来，想看一看此槐。不料是假日，胡王小学紧锁其门。绕地三匝，不得进校，搔首踟蹰，果断翻栏以入园。汉槐比我想象的还壮硕，尽管已经知道它的树围近乎8米，树冠近乎300平方米，然而看到这棵汉槐，我仍觉得它大得不可思议。久久盘桓，一再喟叹，胸溢赞意而口有其拙，遂美言难出。保护得很是精心，主干配土高壅，并以铁栏相围。可以远观，不可以伸手抚摸，更不可以近之亵玩。我欣然后退，再后退，以广角而望。②2010年8月7日，天命立秋。早晨十点二十一分的

❶古槐能够抵御自然界的灾难，却抵不过人类的摧残。作者借一所高级中学的一棵800年古槐被人类忽视和摧残的现状，呼吁人类善待古槐，突出了文章的主题。

❷交代时间，增强了文章内容的真实性，也说明作者对这棵古槐印象深刻。

阳光，清澄纯净，透明而翔，轻洒此槐。琼枝碧叶，迎风起舞，不过它的枝叶甚是优雅，其细腻柔曼若训练有素的纤指，又若来自宇宙殿堂的神的旋律。顿生敬畏，遂三鞠躬。

老到 800 年以上的古槐，在西安地界还有 10 棵左右，有时间我当会继续寻找。

① 在北京也到处见槐，故宫周边，皇城根一带，其槐甚繁而有一种气象。不过国槐是西安的市树，它不唯为此城增色，也见证其城之变迁。特别是 800 年以上的古槐，俨然严正的能够呼吸的历史。它的年轮显然并非简单的圈线。气候、水文、地理、土壤、植物进化与变异，历史、文化、信仰、民俗，无不压缩在古槐的年轮之中。

❶ 描写北京故宫周边国槐繁茂的画面来衬托西安国槐的历史价值，体现了作者对西安国槐的喜爱和对西安文化的热爱之情。

延伸思考

1.品读文章，分析作者为何要在第十三段写"（国槐）观其形容不丽，风度不具"？

_____

_____

2.请用原文回答，作者是如何定义古槐的？再谈一谈文中你最喜欢哪一颗古槐？简单说说理由。

_____

_____

第三辑 故国神游

大雁塔是为玄奘藏其佛经和佛像所营造，几经变迁，仍笀黄壤之中，并名重四海。

作家带你练

【预测演练】

阅读文章，完成下列各题。（14分）

好　感

①人生会有喜事的，然而多哉乎？不多也。何况有喜有悲，悲喜相连，所以道家才遇喜不贺，遭悲不哀。但好感却任凭创造，能够常有，此足以使人生快乐了。

②有一次我乘公交车，没有零钱买票，遂把100元人民币呈售票员。售票员皱眉，不高兴。当然不高兴，因为我只有两站路，而且找钱几乎会用尽他的零钱。售票员的不高兴让我紧张，恐他扔下不软不硬的讽刺，到站退我100元，请我下车。正在焦虑，我邻座一位先生伸手递给售票员1元钱，说："我两站，他也两站，1元钱就不用找了。"售票员转阴为晴，退了我的钱。我也顿然轻松，并觉一种温馨遍体融化。我谢谢邻座的先生，下车告别之际再谢谢他。他40岁的样子，湖北仙桃人，在西安打工，住丈八路潘家庄。好感不虞而得，我收藏了。

③还有一次，我匆匆上课，出了小区才发现因换衣服忘了带钱，如果返家取之，我将迟到。我呼住一辆三轮车，司机让我上。

我站着未动，对他说："我坐过你的车。"司机说："好像坐过。""我今天还要坐你的车。""没有问题，请上。"我说："今天我忘了带钱，你能不能拉我？"司机一愣，抬头直视我，似乎估量了一下，说："忘了带钱也拉你，请上。"我说："谢谢你！我肯定会付你钱的。"遂坐了他的车，嘱他拉我至长安路。到站我再谢谢他，就跨桥进校上课了。

④之后有数月我没有碰到这个司机，遂觉亏欠。从明德门至长安路一程5元，然而这个司机就是靠一程5元的积累维持生存的。夏天的黄昏，我在路上走着，忽见他驾着三轮车向前驶，赶紧喊他。他停下来，等我上。我说："我一直在寻你。"他说："寻我？干什么？"我说："春天我坐你的车到长安路，没有付钱，今天付你。"我掏出50元，是当付他的10倍，说："我谢谢你，你那天没有拒绝我。不要找了！"他诧异地说："不行，不行！"我说："行，行！"就走了。这种好感来而往之，是循环的，我也收藏着。

⑤我反复想起一位陌生的兄长，并久享他所赠我的好感。那是1984年，我刚刚从大学毕业。我欲吃一顿羊肉泡馍，便进馆子排队买票。不料一步一步挪到柜台，才知道钱不够。难免羞愧，便打算抽身放弃。这时候有一个青年越二人而过，到柜台来说："我给他补够。"就数了9角钱给了服务员。我心里滚烫，激动至极。不过我仅仅以目致敬，没有谢谢他。只见他悄然返至自己的位置，继续排队。我注意到他旁边站着女朋友，她一直向他微笑。这是一个敦实的小伙子，肤色略黑，留着短发，充盈着一种可以信靠的英气。虽然我没有谢谢他，不过他声色平静地启示了我。他所赠的好感我已经收藏了30余年，早就增值了。

⑥好感生于善举。善举或大或小，皆存好感。不应该大善难行遂不为。实际上小善就会净世和暖世。总行小善，还会养性滋仁的。

⑦我所谓的好感可以任凭创造，可以常有，是指小善可以处处做，不以小善而止之。对乞丐的评价素有纷纭，甚至有认为他们是

骗子的。不过我认为，即使他们是骗子也不容易，因为他们损毁了自己的尊严,尤其是白发苍苍的骗子。何况他们只是为了一点小利，并不作恶。为了一点小利，以讨钱的方式做一个骗子，也足以怜悯和同情。不是生存所迫，谁这样呢! 问题是，他们一定也有实实在在的乞丐。基于此，从酒楼饭店出来，碰到抬手要钱的，我或选择回避，然而我始终没有鄙夷和愤恨，更不训斥。在路上，凡碰到匍匐在地的乞丐，我往往会给其盒子放一点零钱。在街上碰到权力机构收拾小摊小贩，管理过度以砸物打骂，我也会仗义为弱势而辩。在公交车上，我辄让年轻者给老者或残者让座。有一次，适会一个妇女刷卡乘车，她连刷三次也未反应，又没有 2 元的零钱可以投箱，司机便转方向盘准备把车向路边开，以喊她下车。我觉得不能这样让一个妇女丧失尊严，遂走过去替她刷卡。当此之际，我想起了多年以前为我补够钱以让我吃了一顿羊肉泡馍的那个陌生的兄长。我对自己很是满意，因为心存好感。

（2015 年 7 月 19 日，窄门堡

原载人民日报副刊，2015 年 8 月 8 日）

1.文中第③段画线句子运用了什么人物描写方法？有什么作用？（4分）

_____

_____

2.请分析文中第⑤段中两个加点词的表达效果。（4分）

（1）滚烫：_____

（1）平静：_____

3. 结合全文，请举一例分析第⑤段中"增值"的内涵。（2分）

_____

_____

4. 结合文章，谈一谈文章标题有什么含义？（4分）

_____

_____

石峁城的曙光

名师导读▶

　　石峁城遗址位于陕西省神木市的高家堡镇石峁村。随着该遗址的发现和研究推进，中国历史也随之向前推进到距今4000多年。石峁人不但建造了规模宏大的城市，而且在石雕、陶器、骨器、壁画、玉器等方面都有杰出的创造。石峁城遗址可谓中国文明新的起源，如果将中华文明比作漫漫长夜，那么石峁城遗址便是这漫漫长夜的曙光，为中国历史研究开启了一扇新的大门。

❶ 开篇交代"我"去了三次石峁遗址，并且强调第三次是上午去的，为下文写见到"曙光"做铺垫。

　　① 我至石峁遗址，一次是中午，再次是下午。今年秋天，我三至石峁遗址，特意选择了上午。

　　这是一座距今4300年前后到距今3800年前后的城。已经习惯于咸阳古城之称，长安古城和西安古城之称，石峁遗址当然更是古城了。不知道是谁建的，不知道石峁属于什么邦国，不知道石峁人从何而来，又为何而去，它屹立在大地上，可惜书面文字没有表达过，口语也没有表达过。它是一个神秘的存在，层层面纱覆盖着它。

清晨8点47分，我登上石峁城。东南部已经完成发掘，外城与内城对接的结构，在此朗然呈现。我进一看，出一看，情在激发，不过归于沉默。站在一个凸起的土丘上，我俯仰再三。彩霞满天，碧绿遍野，实属一种大美。①刘勰说："寂然凝虑，思接千载；悄然动容，视通万里。"我于斯就产生了类似的体验。

石峁城在陕西神木，恰处河套之中，石器时代应该是非常富饶的。石峁人显然经过了认真勘察，才选择在此建城。这里是黄土高原与毛乌素沙漠的交界，适合农耕，其他部族也会迁徙过来。竞争必然发生，冲突也必然发生，不过留下的将是融合。

极目四望，尽管沟壑纵横，墚塬并列，然而凡有黄土，多能生草长树，并泛葱郁之润。太阳普照，有深广的宁静。

洞川沟是秃尾河的支流，而秃尾河则是黄河的支流。石峁城大体踞洞川沟以南和秃尾河以东，在彼此的夹角之中。逐水而居，生活方便，也利于防御。

②外城面积足有190万平方米，其东门的建筑复杂且精巧，凡马面、墩台、门塾、门道及瓮城，无不以石头砌成。外城的城垣现存大约4200米，有的高出地表1米余，也全由石头砌成。这些石头应该是经过选择的，甚至经过了打制。它们没有特别的大，也没有特别的小。

徘徊外城一带，抚摸着赭色的石头城垣，我有惊

❶ 引用刘勰的话来突出寂静会引发人的联想，既突出了石峁遗址的宁静，又引出了下文，为下文写"我"的种种思绪做铺垫。

❷ "无不"是全都的意思，这里表示强调，即东门的马面、墩台、门塾、门道和瓮城等全都是石头砌成的，体现了文章语言的准确性，突出了石峁人高超的建筑技术。

心动魄般的触动。我问："石峁人有多少？多少石峁人参加了劳动？共多少年营造了他们的城？他们是如何组织和管理的？他们怎么吃，怎么住？"

内城大致呈东北——西南方向，其形略呈椭圆。从外城走向内城，走向内城里的皇城台，风吹云流，鹰在飞翔，我有凌空之感。

❶ 以"210万平方米"这一具体的数字来写内城的面积，突出了内城面积之大，令人惊叹。

① 内城依山势而作，面积足有210万平方米。内城的城垣耸立山脊，也由石头砌成。皇城台底大顶小，四面都包砌了石头。虽然顶小，也足有8万平方米。夯土成基，曾经建有宫殿。宫殿区与祭祀区也可能兼容着，在这里出土的大型石雕上有人面，有兽面，也有神面。大约700年以后的商青铜器上的纹样，大约1200年以后的周青铜器上的纹样，似乎皆对石峁人面、兽面和神面的纹样有所采纳。

石峁城出土的文物及其反映的生活，灿烂地表现了中华文明的曙光。站在石峁城，我环顾左右，千峰摩天，万水行地，而众星闪烁似的邦国则聚族于形胜之地。郑州西山遗址、辉县孟庄遗址、濮阳高城遗址、登封王城岗遗址、新密古城寨遗址、襄汾陶寺遗址及向东的龙山遗址、向南的良渚遗址，无不灿烂地表现了中华文明的曙光。也许偃师二里头遗址，就是天子之城，王国之城，就是夏都。所谓三代的脉络是清楚的，夏商周是传承的。

❷ 采用举例子的方法，说明了石峁人在陶器和骨器方面的杰出创造，表达了作者对石峁人聪明智慧的赞美之情。

② 石峁人的杰出创造，不仅表现在陶器上。他们制作了陶鬲、陶豆、陶盉、陶斝和三足瓮，还制作了灌注着他们理想的巨大的陶鹰。他们还有精美的骨器。成束成束的骨针匀称光滑，而且有孔。骨针应该是缝缀皮衣的，也可能用以编麻织丝，因为在石峁城出土

有麻片和丝片。一批骨口弦琴和骨管哨，似乎仍能发出唤神的妙音。骨器皆从皇城台出土，这也透露了皇城台一个新的消息——它的功能是复合的。

石峁人的杰出创造，也在壁画上表现着。在瓮城墙体根部，我看到了300余块壁画的残片。其色有赤、橙、黄、黑，白灰面作底，绘的是几何形图案，反映的是一种思想观念和审美趣味。这些壁画对研究中国壁画及其艺术特点、制作工艺，大有助益。

石峁人的杰出创造，更在玉器上有所表现。玉器多出土于祭坛、祭坑和墓坑，也藏之于墙体或石缝，这显然证明玉器是通神的。石峁人并非以玉器砍、伐、刺、戳，它不是实用的。石峁人以玉器献神，并祈祷神给他们所需要的城的坚固，不可侵犯，及风调雨顺，不遇饥荒。

不知道石峁人在什么地方采撷玉料？不知道他们怎样切磋，怎样琢磨？然而手抚石峁玉器，定睛于玉璧、玉璜和玉璇玑，凝望着玉钺、玉斧、玉刀和玉牙璋，只能想象石峁人如何双面钻孔或单面钻孔，想象他们如何以兽皮打平抛光。①玉器上的孔圆劲、圆妙，美得让人心疼。玉器上难以觉察的由万千细线构成的面，它们的浸色和包浆，美得使人加速心跳。

可惜的是，石峁玉器流失海外已经近乎百年矣！大英博物馆在1937年就收藏有玉牙璋，并注明是神木出土的。不仅英国，欧洲数国，美国和日本的博物馆皆有石峁玉器的收藏。直到1976年，中国一位考古专家才发现了石峁玉器，并在石峁遗址周围征集了126件，收藏于陕西历史博物馆了。

有时候我也会想：很好，海外学者看到这些玉器，应该自己掂量中华文明是什么时候产生的？中国历史

❶ 石峁玉器非常精美，令人喜爱，但远古的技艺和遗留下来的玉器已经太少了，十分珍贵，所以作者说"美得让人心疼""美得使人心跳加速"。

是否应该从距今 3600 年的商提前到距今 4000 年以上，或距今 5000 年以上？

尤其重要的是，人类数千年的文明积累到了公元前 5 世纪，骤然出现了一个轴星时代，其智慧爆炸，遂有释迦牟尼、老子、孔子、苏格拉底、亚里士多德、孟子、庄子、荀子和阿基米德的鱼贯诞生。他们的思想，成了人类前进的灯塔。

❶ 将中华文明与巴比伦文明、埃及文明、印度文明进行比较，突出了中华文明的源远流长和不间断，表达了作者内心的欣喜和自豪之情。

①问题是，几种古老的文明，巴比伦文明、埃及文明和印度文明，无不遭遇挫折而中断了。但中华文明却以炎帝和黄帝所缔造，由尧、舜、禹所发挥，至孔子予以总结，并以文字的记录延续至今。

❷ 结尾点题，突出了石峁遗址对于中华文明探索的重要性，表达了作者对该遗址的喜爱和赞美之情。

太阳升得更高了，天空大地盈溢着一种和畅的清爽之气。我在石峁城不禁舒啸起来，②我想：伟大啊！石峁人参加了中华文明的进程。石峁城见证了中华文明的发生。石峁遗址在黄河流域放射着中华文明的曙光。

延伸思考

1.品读文章，作者为什么说"石峁人显然经过了认真勘察，才选择在此建城"？

_____

_____

2.如何理解文章最后一句，"石峁遗址在黄河流域放射着中华文明的曙光"？

_____

_____

咸阳宫

名师导读 ▶

　　作者以"咸阳宫"为说明对象，开篇交代了咸阳宫的重要性；接着列举了与咸阳宫有关的历史故事，赋予咸阳宫历史色彩；其后写咸阳宫的结构和咸阳市渭城区窑店镇东北一带发现的众多历史文物，突出了古代劳动人民高超的技艺和聪明智慧；然后作者借诗句来展现咸阳宫的悠久历史和对文人墨客的影响；最后作者借景抒情，表达了自己对世事变化大的感慨和对西安传统文化逐渐消失的遗憾心情。全文思路清晰，逻辑严密，语言流畅、准确，使读者对咸阳宫有多方面的了解，丰富人文知识。

　　<u>①咸阳宫是咸阳城的主体和枢纽，是逐步形成的一个建筑群。它依咸阳原而造，设计理念遵循的是天人合一的理念。</u>天主居紫微宫，人主居咸阳宫，咸阳宫显然是仿效紫微宫建的。唯神话思维，才能毓化这

❶ 开篇交代咸阳宫是咸阳城的主体和枢纽，突出了咸阳宫的重要性，起到了总领全文的作用。

99

样奇幻瑰丽的想象！

❶ 插入相关的历史故事，赋予咸阳宫历史色彩，增强了文章的趣味性和可读性。

①秦王于斯会晤大臣，接见使者，决定军国之大事。公元前227年，荆轲受燕太子丹派遣，至咸阳宫行义刺杀秦王，遗憾未遂。15年后，秦始皇接受李斯之建议，在这里下诏焚书坑儒。赵高指鹿为马，也当在此。

咸阳宫的结构是大殿套小殿，栋宇连栋宇，分布有朝堂、过厅、寝殿、露台。皇后与嫔妃住什么房子属于绝密，遂难以确定。

考古发现，咸阳宫应该在今之咸阳市渭城区窑店镇东北一带。这里有众多遗址，并处围墙之中。曾经出土有陶器，包括瓮、罐、盆、鸭蛋壶；种种瓦当：葵纹的、云纹的、涡纹的，皆颇典型。还出土有铜器，包括提梁壶、提梁炉、雁足灯、羽觞。凡排水、取暖、窖藏，皆是设施。不过也有学者指出，仅仅以此证明咸阳宫就在这里，似乎不够充分。

唐人赋诗，往往以咸阳指代长安。李白在鲁遇到朋友韦八返长安，便大发感慨："狂风吹我心，西挂咸阳树。"杜甫想到壮游的经历也说道："快意八九年，西归到咸阳。"②无咸阳宫，不可能有咸阳城。

❷ 这句话再次突出咸阳宫对咸阳城的重要性，给读者留下深刻的印象。

站在咸阳城遗址南望，渭水东流，秦岭逶迤，沧桑之情顿涌。

延伸思考

1．"考古发现，咸阳宫应该在今之咸阳市渭城区窑店镇东北一带"中的"应该"能删除吗？为什么？

_____

_____

2．谈一谈，你对"站在咸阳城遗址南望，渭水东流，秦岭逶迤，沧桑之情顿涌"一句的理解。

_____

_____

长乐宫

名师导读 ▶

文章思路清晰，内容环环相扣。作者先交代长乐宫的位置，然后以长乐宫为线索，将刘邦入长安定都、命人制定朝仪，韩信被杀，刘邦薨逝，吕后专权以及王莽篡权将长乐宫改为常乐宫等历史故事串联起来，运用联系和想象，描写了一个个生动的场景，为读者呈现了精彩纷呈的历史画面。

秦始皇筑兴乐宫于渭河以南，虽然秦亡之后弃用，不过基础尚实。

❶ 讲述刘邦入长安定都，修缮兴乐宫，并将其改名的故事，让读者了解了长乐宫的由来。

①刘邦当皇帝，一度彷徨，终于在公元前202年决定以长安为国都。其入关中，初住栎阳，考察秦所存兴乐宫还可以再居，遂迅速改造和维护。到公元前200年，兴乐宫焕然整洁，就改为长乐宫，从栎阳迁之。

没有朝仪，群臣诸侯见皇帝便显无礼，或争功吵嚷，或醉酒乱喊，有的甚至拔剑击柱，刘邦遂厌烦并忧虑。征得汉高祖同意，博士叔孙通率弟子制定了一套朝仪。

徙长乐宫，逢群臣诸侯有十月之朝会，朝仪便依叔孙通所定而行。天尚未亮，参加朝会的人都依次进前殿门。廷中悬旗设兵，一片森然。①武官和诸侯依次陈西方，东向；文官和丞相依次陈东方，西向。肃静之中，皇帝辇出。百官旋即传声而唱警，并引群臣诸侯依次向皇帝奉贺。势大气聚，无不震恐。礼毕，群臣诸侯无不倾身而伏。接着宴饮，凡陪皇帝进餐的人，尽是含胸俯首。给皇帝敬酒，便恭敬而起，目光仰视。行止动静，咸有尊卑高下之度。这一场下来，刘邦完全感受到了皇帝的威风，说："吾乃今日知为皇帝之贵也。"任叔孙通为奉常，赐其黄金 500 斤。

公元前 196 年，吕后欲除韩信，获得了萧何的支持。萧何便诱韩信到长乐宫来见刘邦，韩信前往。过钟室，忽遭壮士绳缚，韩信说："吾悔不用蒯通之计，乃为儿女子所诈，岂非天哉！"

刘邦和吕后所生的刘盈为皇太子，不过刘邦喜欢其妾戚夫人所生的刘如意，打算废刘盈，扶刘如意做皇太子。吕后甚患，便照张良计，请刘邦所尊重的四位高士从皇太子游。公元前 195 年，刘邦发现四位高士随皇太子左右，知道易皇太子不可能了，戚夫人遂悲伤地哭起来。刘邦也连连喟叹，然而无奈至极，便让戚夫人跳舞，他歌曰："鸿鹄高飞，一举千里。羽翮已就，横绝四海。横绝四海，当可奈何！虽有矰缴，尚安所施！"不久在长乐宫崩。

②刘盈继承皇位，移未央宫，吕后升为太后，仍居住长乐宫。因为长乐宫在未央宫东侧，遂为东宫。然而吕后野心勃勃，党同伐异。公元前 188 年汉惠帝崩，吕后立汉惠帝后宫子为皇帝，不过皇帝幼小，吕后遂

❶ 描写大臣们进宫参加朝会的场景，营造了庄严肃穆的氛围，具有极强的画面感，丰富了文章内容，增强了读者的阅读兴趣。

❷ 交代"东宫"的由来，丰富了读者的历史知识，也突出了长乐宫在汉朝皇宫的重要地位。

临朝称制。吕后大肆封吕氏子弟为王为侯，以变刘家天下为吕家天下。公元前180年，吕雉染病而亡。

汉传十世以后，王莽篡位执政，改长安为常安，也改长乐宫为常乐宫。

① 史记记载，长乐宫周回二十余里，有殿十四座。计其重要的有前殿、长定殿、长秋殿、永寿殿、永宁殿、临华殿、温室殿，鸿台当然也不可轻之。

② 王仲殊据1962年的勘探认为，长乐宫面积大约6平方千米，占长安城六分之一。刘庆柱据1986年的勘探认为，长乐宫周垣10370米，遗址包括今之西安市未央区未央街道办事处各村，它们是阁老门村、唐寨村、张家巷村、罗寨村、讲武殿村、李家壕村、叶寨村、樊寨村、雷寨村、查寨村、南玉丰村。

何清谷有记述：长乐宫前殿遗址，在1958年仍有巨大的夯土台基，卒以夷平。国都之构件，漠然怠然，不保护，不肖子孙啊！

① 运用具体的数字说明了长乐宫覆盖范围广、宫殿多的特点，体现了文章语言的准确性。

② 运用了列数字和作比较的方法，用6平方千米的具体数字，以及将长乐宫与长安城进行面积比较，指出其占长安城面积的六分之一，突出了长乐宫面积之大和对长安城的重要性。

延伸思考

1. 文章中列举有关长乐宫的历史故事有何作用？

_____

_____

2. 文章最后引用何清谷的话有何作用？谈谈你的理解。

_____

_____

大明宫

名师导读 ▶

　　大明宫是长安城三大宫殿之一，也是大唐帝国政治中心与权力象征。为了写好《大明宫》，作者不但实地观摩和考察大明宫遗址，而且翻阅了丰富的历史资料。文章交代了大明宫的位置、名字由来、整体规模、各大宫殿的作用等，并且利用引用、联想和想象等方式将与大明宫有关的历史故事、政治事件等一一展现出来，让读者仿佛看到了这些历史画面，感受到浓厚的历史气息与文化魅力。

大明宫在当年多为诗人所咏。

①公元634年，李世民在龙首原上，禁苑之内，长安城东北一带，筑永安宫，以让唐高祖清暑。这里地势隆起，秦岭在望，当是放旷、凉爽之处。可惜李渊崩，无福享受。一年以后，取意如日之升，则曰大明，改永安宫为大明宫。到公元662年，唐高宗取意如山之寿，则曰蓬莱，又改大明宫为蓬莱宫，并修缮而迁

❶ 这段文字讲述了唐朝时期大明宫名字的由来和多次更名的情况，同时突出了大明宫放旷凉爽的特点。

往之。唐高宗离开太极宫，是由于他患有风痹。湫湿之地，妨碍健康。当然太极宫的房子也拥蔽了，居而不敞。公元663年，征十五州民财，减百官一月俸禄，筹其经费对蓬莱宫进行扩建，甚是壮丽。公元670年，唐高宗又改名为含元宫。公元701年，武则天当皇帝12年了，她又改名为大明宫。

经测，大明宫东墙长大约2614米，西墙长大约2256米，略呈楔形。大明宫南墙与皇城北墙有一段重叠。大明宫南墙有5门，正门是丹凤门，其东望仙门，再东延政门，其西建福门，再西兴安门。大明宫北墙一门，曰玄武门，东墙一门，曰太和门，西墙一门，曰日营门。

丹凤门相当于太极宫的承天门，其以大明宫前殿含元殿配合，皇帝于斯举行外朝。含元殿左右有砌道盘曲上下，谓之龙尾道。王维诗曰："绛帻鸡人报晓筹，尚衣方进翠云裘。九天阊阖开宫殿，万国衣冠拜冕旒。"颂其大明宫早朝之盛。

在唐政府任职的，也有西域诸国之士。天竺的、波斯的、康国的、安国的、龟兹的、疏勒的、于阗的，以功以技，皆置岗位。大明宫的早朝他们也参加，遂有王维之吟。

❶ 列举唐玄宗在宣政殿接见吐蕃重臣论名悉猎一行人，唐肃宗在宣政殿设宴慰劳回纥叶护，以及唐德宗在宣政殿接见回纥宰相一行人，生动形象地说明了宣政殿也用于外事活动这一情况。

宣政殿在含元殿以北300米处，皇帝多于斯举行中朝，也在此举行大试，录取贤良方正之士。杜甫诗曰："天门日射黄金榜，春殿晴曛赤羽旗。宫草微微承委佩，炉烟细细驻游丝。"状其宣政殿退朝之怡。宣政殿两侧有门下省、中书省、弘文馆、史馆、御史台、待制院，以图工作之方便，宣政殿也用于外事活动。❶ 公元730年，吐蕃有重臣论名悉猎一行入朝示好，唐玄宗于斯接见。上列以羽林仗，又赐其袍带器物。唐肃宗曾经在此设宴慰劳对收复长安和洛阳有功的回纥叶护，并赐锦绣缯彩及金银器物。公元788年，应回纥之求，唐德宗欲嫁咸安公主。回纥叶护极为重视，竟派宰相一行，包括女士56人，共计千余人至长安迎接。皇上也重视，选宣政殿接见。

紫宸殿在宣政殿以北，皇帝多于斯举行内朝。有时候，紫宸殿也会用于外事活动。公元727年，唐玄宗在此接见突厥毗伽可汗的使者梅录啜。梅录啜实际上是回纥人，他在7年后毒杀毗伽可汗，不过毗伽可汗趁自己未死又报复了梅录啜。唐肃宗期望回纥助唐平定安史之乱，遂多次在紫宸殿飨会回纥的使者和权贵。公元758年，唐肃宗嫁宁国公主给回纥英武可汗。唐肃宗先请使者亥阿波一行，足有80人，又请大首领盖将一行，又请了贵妇一行，感谢他们能照顾宁国公主。公元759年，唐肃宗还在此请回纥王子骨啜特勒及宰相帝德一行15人，旋以骨啜特勒返其行营，唐肃宗仍在此请之。

延英殿在紫宸殿以西，是重要的议政之所。从唐肃宗起，皇帝每有咨度，或大臣欲奏，便在此召对。当然，外事活动也可以于斯进行。公元760年，回纥使者延支伽里一行10人至长安，便在延英殿拜见唐肃宗。公元762年，唐代宗在此会晤吐蕃使者烛番、莽耳一行，使者献上方物，唐代宗也分别有赐。公元765年，因为郭子仪的智勇，回纥同意盟约，重申协唐打击吐蕃。[1] 唐代宗大悦，遂在这里设宴祝贺，回纥宰相护地毗伽一行196人出席，可谓盛况！

大明宫有太液池，水波粼粼。在其西岸是麟德殿，皇帝往往在这里召见亲信，偶尔也会晤外国使者。武则天为女皇帝，似乎尤好于斯举行外事活动。公元

① "196人"这一具体数字既突出了作者引用资料的真实性，而且突出了唐代宗设宴款待回纥宰相护地毗伽一行时的盛大景象，加深了读者的印象。

702 年，有都督陈大慈四战吐蕃，无往不胜，斩首千余级。吐蕃赞普器弩悉弄示和，遂派使者论弥萨一行入朝，武则天便在此会晤，并置酒款待。武则天还让论弥萨在麟德殿欣赏了百戏，这种表演艺术震撼了论弥萨，他对女皇帝说：^① "臣自归投圣朝，前后礼数优渥，又得亲观奇乐，一生所未见。自顾微琐，何以仰答天恩，区区褊心，唯愿大家万岁。" 尽管吐蕃使者展现了谦逊，然而它仍会攻唐的。公元 703 年，武则天还在此会晤了日本执节大使粟田朝臣真人。唐德宗曾经于斯接见回纥公主，且有礼赠。唐宪宗时，回纥改回鹘。至公元 813 年，回鹘提出和亲，派使者伊难珠来朝，唐宪宗便在这里请客，并赐其帛品和银货。

唐高宗以后，大明宫固然已经是唐的政治中心，不过皇帝即位、婚礼、葬礼，仍在太极宫举行。

现在有了一个大明宫遗址公园，可惜现代元素太多，遂堵塞了思唐之灵穴。

❶ 吐蕃使者论弥萨对武则天所说的话，体现吐蕃使者谦卑的同时，反衬了武则天时期唐朝的威仪和四海归顺的盛况。

延伸思考

1. "经测，大明宫东墙长大约 2614 米，西墙长大约 2256 米，略呈楔形。" 这句话采用了哪些说明方法？简述其表达效果。

_____

_____

2. 文章第四自然段，作者为何要引用王维的诗歌？谈谈你对这首诗的理解。

_____

_____

大慈恩寺

名师导读 ▶

　　大慈恩寺是唐代时期长安最著名最恢宏的佛寺，本文围绕"大慈恩寺"展开，先按照作者的游踪展开描写大慈恩寺的整体规模、建筑、环境等，再联系历史，讲述大慈恩寺的由来、玄奘在此设译场、法相宗的创立、大雁塔的诞生等，突出了大慈恩寺在中国佛教史上重要的地位。

　　①大慈恩寺极尽豪华，其周围数里，青石铺地，多植嘉木。南广场隆然而起，朝夕有舞。北广场宏阔宽展，望之茫茫，昼去夜来，一旦到点，便音乐哗然，水洒长天，众相汇聚以欣赏。

　　进山门，玉兰、石楠、女贞、雪松，画线而植，蔚然呈绿。东钟楼，西鼓楼，尽管是旧物，不过都添了彩，遂仍显辉煌。向北，东有客堂，西有云水堂，皆刚刚建成，灿然争光，彼此映照。再向北，是大雄宝殿，瞻之巍峨。②登11级汉白玉台阶，又登11级汉白玉台阶，便可以

❶ 开篇总体写大慈恩寺的概况，既突出了大慈恩寺的豪华，又引出下文，为下文写大慈恩寺相关情况做铺垫。

❷ 运用反复的手法，强调了汉白玉台阶数量之多，烘托了大慈恩寺的奢华。

款款入宝殿。其屋宇高深，凡栋楹梁角，门窗墙壁，无不明亮如洗。再向北是法堂，正在整修，木白香沉，瓦灰待覆。法堂东南方是财神殿，西南方是观音殿，颜色浓艳，焕然而立。再向北，是大雁塔，其格调厚重而严谨，以一古抵万今。再向北，是玄奘三藏院，显然是新作的，其漆味刺鼻。

统统走了一遍，足至之处，几乎皆为青石，只在钟楼与鼓楼之间有一块地方铺着老砖，当然，种木种草及养花的地方也还见土。

① 这句话既交代了大慈恩寺的由来，又设置悬念，引发读者思考。

② 运用联想的方式，写玄奘和达摩两人"难以想象"大慈恩寺会变得如此辉煌和美丽，增加了文章的趣味性，同时使读者对大慈恩寺的辉煌、美丽有了更深刻的印象。

^① 大慈恩寺是为文德皇后追福而筑的，固然是皇家的庙，壮丽至极，不过它不可能满铺青石，以汉白玉作栏。玄奘遍游西域之刹，返唐以后，除京师的大慈恩寺之外，凡长安的弘福寺、西明寺，坊州的玉华寺，都设有他的佛经译场，^② 不过玄奘难以想象，千年之后他曾经工作过的一个地方，竟会如此堂皇。乔达摩·悉达多，大约公元前六世纪的一个印度王子，坚决摒弃了晏安享乐的生活，扔掉了财富，苦坐菩提树下，为众生所谋，终于成佛。然而他也难以想象，千里之外的敬他的一个地方，竟会如此之美！

这里的树还是颇有生气的，十年百年的大树尤其静穆。已经稀罕的皂荚树，庙东一棵，庙西一棵，皮黑皮细，枝俏叶圆，沧桑之态让我肃然起敬。法堂前有两棵侧柏，躯扭体拧，叶发白，别具风骨。东边的砖塔和刻石一带，有银杏、雪松，森然竞高，苍翠翁郁，唯鸟笼悬枝，所囚之禽的叫声若泣若笑，使我惊悚。西边辟园植牡丹，旁有楸树、椿树，并有紫藤缠绕的国槐。

玄奘自印度归来，素居京师长安诸庙，皆设译场，不过他率团队久在大慈恩寺工作。尝几次转移译场，然而大慈恩寺的学问僧多能伴他左右。公元654年，窥基为僧，向玄奘求法，便住大慈恩寺。窥基对佛经注疏释义，见解颇丰，卒成慈恩大师。

玄奘从印度所取佛经甚众。他的汉译共1335卷，当然不限于法相宗，但法相宗的创立却是在大慈恩寺译场毕其功的。基于此，大慈恩寺为法相宗的祖庭。

<u>①那么什么是法相宗呢？</u>总之，它是探究一切事物的相对真实和绝对真实的。强调无心外之境，万法唯识，也就是唯识宗了。玄奘长期在大慈恩寺进行佛经汉译，反复琢磨，日夜推理，法相宗或唯识宗成于斯，遂也称慈恩宗。法相宗之根在印度大乘佛教。

❶ 提出疑问，引发读者思考，进而引出下文对法相宗的解说，使文章自然过渡。

大雁塔是为玄奘藏其佛经和佛像所营造，几经变迁，仍耸黄壤之中，并名重四海。

延伸思考

1. 品读文章，简述大慈恩寺的来历和出名原因。

_____

_____

2. 若将第二段中"登11级汉白玉台阶，又登11级汉白玉台阶，便可以款款入宝殿"一句改为"登22级汉白玉台阶，便可以款款入宝殿"是否可以，为什么？

_____

_____

3. 文章的标题为"大慈恩寺"，为什么在结尾时写大雁塔名重四海？

_____

_____

小雁塔

名师导读 ▶

　　小雁塔和大雁塔是长安城中保留至今两处重要的唐代佛教建筑标志，也是佛教建筑中的艺术遗产，因为规模比大雁塔小而得名。本文以小雁塔为说明对象，开篇交代了"小雁塔寂寞，荐福寺清幽"的情况，接着将荐福寺的由来、变迁和小雁塔建立的意义、遭遇地震的变化以及秀丽清幽的环境等娓娓道来，最后写"雁塔晨钟"，营造余音绕梁的气氛，令文章余韵无穷。

❶ 一句话突出了小雁塔和荐福寺的特点，起到了总领全文的作用。

❷ 交代荐福寺的由来，以历史故事增添文章的艺术性和趣味性。

　① 小雁塔寂寞，荐福寺清幽。

　　每一次想起来就是这种感受，每一次登临其塔或远望其塔，每一次游其寺或见其寺，也是这种感受。

　② 很久了，唐高宗逝世百日，皇亲国戚捐款修建了献福寺。事在唐睿宗文明元年，公元684年，对唐高宗纪念，也给武则天示威。因为有迹象表明，唐高祖的江山将有可能变成女皇帝的。

然而武则天也极有算计，终于在公元 690 年，篡唐立周，登基为圣神皇帝。不过女皇帝还是难忘几年前李氏家族营造献福寺的意图，遂把献福寺改为荐福寺，以昭示她的权势。

荐福寺在长安城的开化坊，唐太宗的女儿襄城公主，曾经有宅邸于斯。荐福寺初成，便敕度 200 僧在此作业。东为放生池，推测当为汉之洪泽陂。公元 705 年，武则天逝世，龙椅归于唐中宗。一年后，法师义净住荐福寺，于斯佛经汉译。义净是范阳人，曾经由海道往印度去学习，共 25 年。他带 400 部佛经归国，并孜孜以求，把梵文译为汉语，对真理的探索让人钦佩。[1] 至公元 707 年，唐中宗在安仁坊建了一座浮图，就是所谓的小雁塔，以追思并告慰唐高宗。安仁坊与开化坊以一街相望，小雁塔所在周垣的山门北向，恰恰对着荐福寺，当然意味深长。

一边是寺院，一边是塔院，白云一片，磬音以闻，想起来是颇有气象的。可惜世界是变化的，到了唐末战事频仍，荐福寺不耐，便倾圮为墟，然而小雁塔仍矗立着。

有僧认为荐福寺毕竟是一座重要的庙宇，遂争取社会力量的支持，重建了荐福寺。不过是以安仁坊的小雁塔为中心修建的，山门南向，并筑禅房和经堂，虽然没有当年的荐福寺宏阔，但其宝殿却也肃穆，尤其是代有高僧。明洪武年间的古梅法师，清康熙年间的大峨法师，皆是佛法精严，深奥玄妙的。

遗憾我看到的荐福寺，山门紧锁，僧无踪影，庙宇遂成空壳。可以动情的是这里有七棵国槐，树龄全都超过千年，极呈老态，也尽显古道。特别是小雁塔，

[1] 交代小雁塔建造的时间和原因，突出了小雁塔独特的历史意义和历史价值。

披星戴月，迎风冒雨，屹然立于天地之间，每每使人喟然。

荐福寺毕竟是胜境福地，于是西安博物院就插足而入。还好，它只有两层，圆顶如盖，走廊如砥，瓦小，瓦绿，密如鳞片禽羽，以滴雨水，为张锦秋所设计。① 依靠小雁塔，并借小雁塔的风光和格调。当然，它也以自己的厚实给小雁塔增添了一种活力。树有参差，茂盛为林，并使新旧融为一体。还好！

② 小雁塔之美在其塔姿娟秀，塔神飒爽。看起来它是十三层，不过资料显示，其初作十五层，可惜几百年之后的一次地震挫折了两层，真是峣者易缺，细者易断。然而十三层并不失其美，甚至有残反而丰富了它的美。正方形，以砖所砌，表里皆砖。每层檐出，每层窗亮，遂使此建筑有了灵性和动感。小雁塔大约就是这样养成一种气氛的，并孕育其美。越向上越收缩，遂立而矗。台基也是正方形，显得很坚固。南北以砖券拱门，门楣为青石，雕有蔓草花卉及天人供养之图。有木梯可以登临，不过以我的经验，登临不如绕其仰观，一个角度会有一个角度的发现。然而看到小雁塔，谁不想登临呢！

小雁塔很是非凡，当然自有非凡的故事。1487年，陕西临潼发生地震，塔摇而裂，不过未倒，这便奇了。然而这次地震也挫折了它顶端的两层，足见其力之巨。为什么？因为它的台基之下，夯成了一个半球体的土堆，地震固然力巨，不过冲过来就把其力均匀分散了，遂塔摇而未倒。小雁塔还有它的奇：塔摇而生缝，其缝又终于以地震而复合。咸宁县志可证，其曰："嘉靖乙卯地震，裂为二；癸亥地震复合无痕，亦一奇也。"

① 运用拟人的修辞手法，使荐福寺人格化，富有灵性，生动形象地写出了荐福寺和小雁塔相互印衬，并突出了荐福寺清幽又不失活力的环境特点。

② 两段首句有引出下文的作用，简洁明确地阐述了段落的主要内容，同时使文章结构清晰。

嘉靖乙卯地震，指明世宗嘉靖三十四年，也就是 1555 年的地震；癸亥地震，当指明世宗嘉靖四十三年，也就是 1563 年的地震。然而癸亥是否有地震，地震是否使小雁塔之缝复合，待考。

①在荐福寺有一口铁钟，铸于 1192 年，重一万斤，上有字一千个，撞之声响，可传十里。漫漫长夜，有多少人是闻其声响而醒来的呢！所谓的雁塔晨钟，便是当年小雁塔的铁钟在黎明发出的大音。

荐福寺塔 45 米，低慈恩寺塔 19 米，彼此比较，遂谓之小雁塔。

① 准确介绍了铁钟的特点，同时展开想象，描写了漫漫长夜后，钟声叫醒人们的场景，强调了钟声的悠长。

延伸思考

1. 小雁塔的"奇"表现在哪些方面？

_____

_____

2. 分析"遗憾我看到的荐福寺，山门紧锁，僧无踪影，庙宇遂成空壳"一句的作用。

_____

_____

城墙赏月夜

名师导读 ▶

"海边之明月，使人欲仙；山上之明月，使人高洁；草原之明月，使人眷恋，固然各有其妙……"然而，在朱鸿笔下，城墙赏月却别有一番风味，站在城墙上，欣赏皎洁的月色，眺望丰富多彩的西安景色，追问古今，款待灵魂，让生活富有情调……本文是作者随性而起，登上城墙赏月有感而发写下的随笔散文。文章语言优美，富有诗意与哲理，细细品读，跟随作者一起去感受城墙赏月的美妙。

某年秋，出某单位，走在长安路上。暮色忽染，华灯初亮，古都深沉而饱满。车轮飞转，脚步匆忙，一片熙熙攘攘。蓦然抬头，见城门洞开，城阙巍峨，遂起登高以游目舒心之思，不料竟在城墙上发现明月驰天。

有河水隔阻，花木遮蔽，城墙一带，显然比所想的宁静，也比所想的畅朗。建筑纵横铺排，红灯上下缤纷。月出浮云，月辉似霜；月行空中，月照楼巅；月远天边，月近眼前。^①何处无月？然而骚客雅士，总是推崇张若虚江面之明月和苏东坡山间之明月，岂不知城墙上的明月，是兼容了宇宙泱茫与尘世温暖的。

　　心有所得，便想交流，遂用手机发短信，邀学子二三人，到城墙上来共享明月。租桌椅，购茶水，围坐一起。这时候，和风微送，清气缓流，身有妙感。月光之下，仰观白星远芒，俯察青砖古色，足以助兴。向他们了解赏月的体验，其一一道之。^②有言尝在青岛赏月，海大无边，海波漫涌，月小而晕，顿觉飘然；有言尝在黄山赏月，风卷气流，松声似涛，云碎似屑，月近在身，揽而不能；有言尝在草原赏月，旷野寂寥，以月为伴，唯月可亲。

　　问曰："城墙赏月，特点何在？"我答："海边之明月，使人欲仙；山上之明月，使人高洁；草原之明月，使人眷恋，固然各有其妙。不过城墙赏月，使赏月生活化，日常化了。其仅仅如斯吗？不然。赏月是一种追问，是问天，问宇宙，问遥远，斯问可以在高山之上，大海之滨，草原之中，也可以在自家窗口或床前，也可以在西安城墙。何处无月，何处不可以问，关键是问。^③城墙赏月，脚下有历史，四边有人类。看长安路梧桐列队，新楼竞耸，寻大雁塔，觅小雁塔，回首钟楼与鼓楼。月行高处不寒，月洒故地不俗，心在盈虚，可飘飘乎得羽化之幻，身处闹市，可避哄哄乎名利之扰。"

　　问曰："城墙赏月，仅仅为视觉之娱吗？"我答："古人赏月，仅仅是在赏月吗？实际上是在审美，是在艺术地生活，是在款待灵魂。唯有人能够审美，而艺术地生活，则是中国文化固有之魅力。可惜今人多为物

❶ 写骚客雅士推崇张若虚江面之明月和苏东坡山间之明月，衬托了"我"对城墙上明月的喜爱之情。

❷ 运用排比的修辞手法，写出了各人谈论青岛赏月、黄山赏月、草原赏月的美妙感受，衬托了"我"对城墙赏月的独特感受。

❸ 连续使用小短句，使句子一气呵成，增强了文章的节奏感和感染力，突出了城墙赏月时丰富多彩的内容和奇妙感受。

所累，往往冷落着灵魂。人的灵魂枯萎了，人是何人？生活并非快餐，生活应该有赏月的情调！"

学子激情而浪漫，便一声接一声地诵："秦时明月汉时关，万里长征人未还。"诵："长安一片月，万户捣衣声。"诵："露从今夜白，月是故乡明。"不知不觉，秋凉夜深，遂对月致谢作别，唤二三人走下城墙。

原载《西安日报》副刊，2006 年 10 月 13 日

延伸思考

1. 分析文章中"实际上是在审美，是在艺术地生活，是在款待灵魂"一句的表达效果。

_____

_____

2. 品读文章，作者为什么喜欢城墙赏月？

_____

_____

第四辑

至情世界

异乡的合欢树啊，为什么要触动我所掩藏的和规避的？为什么要让我想起不愿意想起的事情？

【预测演练】

阅读下文，完成下列各题。（15分）

合欢树

①中午，我一边打电话，一边回家。走近住宅的时候，我收了手机，舒缓着气息。悠然抬头，蓦见楼旁的一棵合欢树绒花盛放，美如飞霞。

②我不禁止步，静静地欣赏了一会儿。

③少陵原上，我的祖居很大，分为前院和后院。后院尽是杂木，郁郁葱葱。前院种槐、种桐，也种有石榴和牡丹，是农耕之户难得的一抹风雅。尤为欣喜的是，一棵合欢树凌空展枝，总是不失节候地用它的绒花让燕子把夏天带到我的生活之中。

④早晨，祖母乐于坐在合欢树下剥葱、摘豆、濯米熬粥，或缝缝补补。太阳落了，月亮巡天，星光闪烁，祖父会卸下门板，支撑作榻，睡在合欢树下乘凉。父亲星期三的晚上从工厂返乡，往往会用自行车带一个西瓜。在水桶里凉一凉，便嘱母亲切成牙子，招呼老老少少，共尝其鲜。祖父祖母先吃，之后是吾辈小孩，接着才是父母。

⑤在1968年至1973年的那些日子，我家三代人，计有八口。

虽然也会拌嘴吵架，甚至挥拳动脚，不过长幼有序，天伦存焉。合欢树见证了一个农耕之户的生机和热闹。

⑥看到小区一隅的合欢树，难免想起我家的合欢树，几乎一样粗、一样高，绒花也一样昼开夜合。唯有一点，我家的合欢树在少陵原上，云流风畅，遍野庄稼，大蝴蝶、小蝴蝶翩跹而至，蜜蜂起落且轻吟低唱，是有情调的。

⑦我家前院的合欢树毕竟是材，遂被伐倒，做了器具。这也罢了，常痛我心的是蕉村被拆迁了，我的祖居也被拆迁了。实际上更让我难过的是，在我的视线里，祖父走了，祖母也走了，我可怜的弟弟也走了，我的父母都走了。

⑧异乡的合欢树啊，为什么要触动我所掩藏的和规避的？为什么要让我想起不愿意想起的事情？

⑨仅仅是这些吗？不！合欢树告诉我：中国的农耕文明消亡了，农耕文明所有的生活方式、家庭结构和亲戚关系，及其以此为基础所形成的人伦道德，都在涣散，以至消亡！

1. 体会下列句子，谈谈其在文中的作用。（6分）

（1）悠然抬头，蓦见楼旁的一棵合欢树绒花盛放，美如飞霞。

_____

_____

（2）我家的合欢树在少陵原上，云流风畅，遍野庄稼，大蝴蝶，小蝴蝶翩跹而至，蜜蜂起落且轻吟低唱，是有情调的。

_____

_____

2. 谈谈你对文章最后一自然段的理解。（4分）

仅仅是这些吗？不！合欢树告诉我：中国的农耕文明消亡了，农耕文明所有的生活方式、家庭结构和亲戚关系，及其以此为基础所形成的人伦道德，都在涣散，以至消亡！

_____

_____

3. 作者为什么要以"合欢树"为标题？谈谈你的理解。（5分）

_____

_____

_____

嫁 女

名师导读▶

　　这篇文章是作者嫁女时的有感而发。文章开篇提出"女大当嫁，人类遂得以生息和繁盛"的观点，接着写祖父的姐妹和父亲的姐妹的婚嫁情况，说明女性为人类延续和发展做出了贡献，然后写自己嫁女的隆重仪式和对女儿的期望，强调女性对人类生命延续的重要性。文章以小见大，主题深刻，令人深思。

① 女大当嫁，人类遂得以生息和繁盛。

我女大了，当然要嫁。

我曾祖父有七女，她们是我的七个姑奶奶。

小时候，我随祖父多次往姑奶奶家去走亲戚。祖父是探望他的妹妹，我是胡逛，图热闹，想吃肉和菜。

❶ 开篇提出"女大当嫁"的观点，起到了总领全文，引出下文和突出中心观点的作用。

在长安，过年、过会要走亲戚的，颇有气氛，可惜我既不看姐姐，也不看妹妹。我与姐妹的关系既不如祖父跟他妹妹的关系密切，也不如父亲跟他妹妹的关系密切。对此，我很难过。

我大姑奶奶嫁在四府村，她育三子一女；二姑奶奶嫁在蕉村，就是生我养我的聚落。周宣王囚杜伯于焦，士无罪而杀之。此焦大约在少陵原上的蕉村一带，蕉是焦之变也。二姑奶奶育二子三女，不过 20 世纪 50 年代她便逝世了，那时我尚未出生。没有见过二姑奶奶，然而亲戚关系仍在，过年、过会还有往来。我四姑奶奶育五子一女，她嫁到了新和村。①姑爷爷是一个医生，以膏药治肿、治疮，妙手回春，令名远播，可惜其技未传。我六姑奶奶嫁至新寨子村，育三子两女。七姑奶奶嫁到了裴家崾村，她育一子三女。

我三姑奶奶嫁在夏殿村，五姑奶奶嫁在西安南关。她们命运不济，死得早。她们都生有子女，遗憾亲戚关系断了，即使大节，也没有什么往来。

我祖父有二女，所以我有两个姑姑。大姑姑嫁至西姜村，她育一子三女。小姑姑嫁到了裴家崾村，跟我的七姑奶奶同居一邨。小姑姑育三子，无女。

我父亲有二女，一为我姐姐，一为我妹妹。姐姐嫁至韩家湾村，育一子一女。妹妹嫁到了 3507 工厂，育一子。她们受制于政策，子女皆少。即使政策不限，一定就多生如我的两个姑姑或七个姑奶奶吗？也未可知。

我有一子一女，此福矣！吾女 2017 年嫁至南京，不过她跟良婿在北京发展。②朱家的姑娘，她是最具文化的一个，也是嫁得最远的一个，不过我放心。朱

❶ "其技未传"与"妙手回春，令名远播"形成了鲜明的对比，体现了"我"对传统医学未能继承和传播的遗憾之情。

❷ 反复强调"朱家的姑娘"，可见作者对女儿的疼爱。"出息甚大"反映我为女儿的成就感到自豪。

家的姑娘在相貌和品质上素具一以贯之的特点，然而她的出息甚大。

嫁女当然应该有一个仪式，以使此事产生某种庄严感和纪念性。我请朋友都来喝酒，他们欣然而往。① 朋友皆交游了几十年，贾平凹也来了，并赠书一幅，发表感言。

① 以贾平凹为例，作为朋友的一个代表，突出了嫁女仪式的隆重和"我"对女儿的重视。

嫁女乃喜事，不过我仍是感慨万千，并非一味高兴。在为我女祝福的时候，我恭颂我所知道的数辈朱家姑娘的本分，勤劳、贤淑、坚毅、智慧和贡献。我的观点非常传统！我希望朱家的这个姑娘也能够承担兴家旺族的责任，并渐成一个姑姑，一个姑奶奶！

女大不嫁也是有的，虽然我无权利反对，不过我还是认为，女大当嫁顺乎自然，也是人类的需要。

延伸思考

1."我与姐妹的关系既不如祖父跟他妹妹的关系密切，也不如父亲跟他妹妹的关系密切。"这一句蕴藏了什么感情。

_____

_____

2.如何理解"嫁女"这一标题和文中内容、主题思想的关系？

_____

_____

母亲的意象

名师导读 ▶

　　"意象"是指客观物象经过创作主体独特的情感活动而创造出的一种艺术形象，作者以"母亲的意象"为标题，表达了"我"对母亲的赞美、感恩和深深的思念之情。文章围绕题目，分别讲述了"我"爱母亲、母亲爱"我"、母亲的勤劳、母亲的坚强、母亲的乐观和母亲自尊要强等相关的事件。文章语言质朴，字里行间充满了真情实感，读来使人不禁潸然……

❶ 总体评价母亲的外貌、性格和精神品质，表达了"我"对母亲的赞美之情。

　　① 我的母亲是俊秀的，白皙的；是进取的，劳苦的；是忍让的，慷慨的；是敏捷的，坚毅的；是喜悦的，仁慈的。

　　不过她也在春秋交替之间，不知不觉地把对襟衣服换成了斜襟衣服，衣服上的花也没有了；渐渐地，她皱纹萌额，白发染鬓；终于疾病降临，更是残酷地扭曲她的肢体，扰乱她的语言。

一

① 我爱我的母亲。

小时候我就懂得保护母亲，也许我可以对母亲发火，然而我不允许任何人欺负我的母亲。

六七岁那年吧，我的叔叔蓦地寻隙挑衅，惹得邻居围观。他站在厨房的檐下，赖我母亲弄脏了井水，母亲便据理反驳。他恼羞成怒，竟抬脚踢我母亲。② 虽然足尖落空，但他的行为却震荡着我的整个身心。当时我站在母亲背后偏右的地方，这一幕完全看到了。我感觉自己仿佛一头小小的雄狮，泪水盈眶，紧盯着叔叔的手，所有的血液都推动着我，使我扑过去，咬向他的指头。发现我面容已经变形，他猝然收声敛焰，显然是害怕了。这天以后，叔叔再也不敢冒犯我的母亲了，他对我也辄示喜欢，并日益器重。

十二三岁那年，生产队近百社员在场里碾麦，真是热火朝天，可惜场长派烂活给我母亲干。我恨之入骨，遂堵住他，站在他面前指责，叱骂。场长拿着木杈检查麦秸的厚薄，这儿抖一抖，那儿翻一翻，到处走动。他转到什么地方，我就跟到什么地方，总是站在他面前叱骂他，指责他。③ 我像一头小小的公牛似的，摇头甩尾，逼得场长发蔫。多年以后，有老师问我："你就不怕场长戳你一木杈？"我说："没有想！"

十五六岁那年，父亲和母亲有了芥蒂，经常争吵。父亲在工厂上班，虽然赚钱，不过我坚定地站在母亲一边，斟酌着如果他们离婚，我就随母亲。有一次，一言不合，父亲跟母亲就又闹开了。我放下作业，批

❶ 采用直抒胸臆的方式，突出了"我"对母亲的爱，为第一部分内容奠定感情基调。

❷ "震荡"是震动摆荡，动荡不安定的意思，这里写"我"看到叔叔用脚踢我母亲时内心的状态，突出了"我"极度愤怒的心情。

❸ 把"我"比作摇头甩尾的小公牛，生动形象地写出了"我"为了给母亲讨公道无所畏惧，不依不饶的样子。

❶ 语言描写，写"我"为了保护母亲对父亲说的话，体现了"我"对母亲的爱和天真可爱的模样，令读者忍俊不禁。

评了父亲一顿，结论是：① "我母亲逝世了，我要给她立碑，不给你立。"父亲颇为尴尬，也很是无奈，遂佯装大度地说："儿子爱他母亲是正常的。你这样，我也放心了。"

二

❷ 一句话过渡，将话题从"我"爱母亲过渡到"母亲更爱我"，自然引出下文母亲为"我"所做的事情。

② 母亲更爱我。

小学就在村子里，生产队的孩子念书几乎都是自己去，很少有家长送的。但我念书的第一天，上课的第一天，母亲却送我出门。出朱家巷，陪我走了半个村子，直到看见小学的屋舍才让我自己去。母亲送我念书，此举固然平凡，不过我似乎获得了追求知识的永恒动力，想起来也十分温暖。

20 世纪 70 年代，冬天甚冷，我的同学多冻伤了耳朵、手、脚和脸。然而我有母亲做的两件棉衣，两条棉裤，两双棉鞋，轮换着穿，并戴着可以保护耳朵的棉帽，戴着手套，从而避免了冻伤。

中学在韩家湾村，一天跑两趟或三趟，时间不确定，不过冬天总是有热饭。实际上锅早就凉了，是母亲隔一会儿就点火烧一次，才保证我放学回家，扔下书包就能吃上热饭。

❸ 母亲为"我"的军帽垫布的针脚，突出了母亲的细心和用心，体现了母亲对"我"的疼爱之情。

父亲从工厂带了一顶军帽给我，我兴奋至极，急于戴上它炫耀，可惜军帽大一圈，在头上晃来晃去的。母亲便改它，连夜垫一圈草绿色布以缩小。③ 线细针密，毫无痕迹。不幸的是，看露天电影，刚感头上触动，军帽就飞了。我左顾右盼，见所有的五官都颇为平静，根本不知道谁是贼！

考大学，我一败二败，不过也越考越勇，志在必得。母亲支持我，除了不让家务使我分心以外，她还给了我辄有变化的一日三餐。我到韦曲的长安二中去补习，有时候会碰到她在田野锄草。<u>①她看我一眼，算是目送，然后收回目光，埋头继续劳动。踏着乡间的小路，想象着大学之门，我信心更足。</u>她以我托，每天早晨在窗口喊我起床。复习真是累极了，要不是母亲喊我，也许我每天都会从早晨睡到中午。

大学三年级，我身体不适休学回家，以中药调理。母亲替我煎药，早晨半碗，晚上半碗。她是在下工以后，吃了饭，收拾了厨房，才到院子的一个墙角煎药。<u>②秋深霜重，夜气拂面，她一把一把地烧着麦秸，以保持平稳的文火。</u>母亲垂着头，不过文火的闪烁还是照亮了她的疲惫和忧伤。此情此景，烙印在我的心上，到现在还有抓挠之感。

入职了，结婚了，本当自立，遗憾我仍为母亲添了麻烦。<u>③有一年，我不得不应付一场灾难，遂把不足两岁的女儿送母亲带。少陵原上浩瀚的秋风和凛冽的冬雪之中，满是她的愁绪，她一边经管着儿子的女儿，一边恐慌儿子的命运。</u>

一天早晨，母亲正在下米熬粥，猝闻女儿尖叫。她猛然转身，只见女儿在案板上摸什么，竟把一杯开水灌进了棉衣的袖筒，灼得当然尖叫。母亲吓坏了，匆匆剪开袖筒，然而她不在村子找医生处理。她抱着我女儿，抄小路，走十数里，再乘车进城，把孩子送我，以求所谓高明的治疗。母亲的棉衣湿透了，背上热气直冒。她也很是内疚，怪自己疏忽，几乎要哭。

三十一岁是我坎坷以后新的跋涉的发轫，不胜艰

❶ "看我一眼""收回目光，埋头继续劳动"的神态和动作生动形象地展现了母亲对"我"充满期待，但又担心给"我"带来压力的心情。

❷ "秋深霜重，夜气拂面"，营造出凄冷的氛围，反衬母亲为"我"煎药的耐心，展现了母亲对"我"的关爱。

❸ 写"我"让母亲带女儿，为母亲添麻烦，体现了"我"心疼母亲，却又无可奈何的愧疚心情。

辛和孤愤，遂不能从容回家。尽管西安和少陵原也不过相距三十里，然而我未必会保证每月探望一次父亲和母亲。那时候，我已经零落成泥，资产为负了。命运坠入低谷，就得为翻身而战。不但不能经常回家，也不能经常报信。

母亲不放心，便进城看我。我不清楚她是如何辗转乘车的，①总之，她像一片白云一样忽然就出现在我的门口。又激动，又难过，几乎使我落泪。那时候还没有家装电话，更没有手机，不能预约以恭候她。有几次她到了小区，偏巧我不在，她便安安静静地坐在门外的楼梯上。获悉母亲在门外等待，我迅速回家。看到我，她的眉梢溢满了笑。她不知道我的感动和难过，不知道我想落泪。

父亲患脑溢血后遗症，母亲患脑血栓后遗症，手脚都不灵便，遂硬撑着生活。我也明白他们需要一个保姆，唯经济拮据，是心有余而力不足。不忍，我也无法。一旦我缓过来，便立即雇了一个保姆。可惜一月之后，不告诉我，母亲就把保姆辞退了。我以为这个保姆不妥，又雇了一个。然而一月做满，保姆又被辞退了。我打电话问："咋辞退保姆呢？是不是嫌花钱呢？"母亲慢慢地说："娃呀，雇保姆，你是为了我。我用保姆，你就把我害了。""为什么？""生活能行，用保姆干什么？不行了，再雇保姆吧！在村子里生活，不兴用保姆啊！"实际上，母亲仍是觉得我经济紧张，不舍得让我雇保姆。

2014 年秋冬之际，是我父亲逝世三年以后了。有一天，我和母亲聊天，无非是评姨姨，论姑姑，让母亲高兴而已。②俄顷，她在房子悠悠地转了一圈，似

❶ 将母亲比作一片白云，写其忽然出现在我的门口，从侧面突出了母亲从少陵原辗转乘车到"我"家的艰辛，体现了"我"对母亲突然出现的惊讶和对母亲的心疼。

❷ 此处运用语言描写，写出母亲自尊心极强，她不想拖累儿子。

乎若有所思，渐渐抬起头，郑重地对我说："娃呀，我要是不行咧，我就想走快一点儿！"我的心顿然沉了一下，没有应接，旋即岔开了。

母亲是神的女儿，尽悉自己的生命属于神，应该不会胡思乱想。我父亲临终之前，完全卧床，这是母亲看到了的。我以为，母亲所谓的想走快一点儿，当是指不要完全卧床的结局，也有不希望再加重我负担的考虑。我了解母亲，她非常自尊，即使万难也要自力，即使儿子反哺，她也存打扰儿子的歉意。

三

在人民公社的那些岁月，母亲是我家唯一的劳力。从 1957 年至 1968 年，她先后生有四个孩子，姐姐、我、妹妹、弟弟，都需要她抚养。我的祖父和祖母，已经不能在田间耕耘了，也需要她照顾。关键是七个人的口粮，要靠母亲所挣的工分而取得。为了工分，她竭尽了所能。

父亲也是生活所赖的半壁江山，其以人民币供给我家所资。不过生产队有自己的规则，它以劳力及其所挣的工分断其所获。我父亲不算劳力，于是居住在少陵原的这七个人的生活，就主要靠母亲了。

只要闭上眼睛，我便看到母亲忙碌的样子。[1] 春天她扛着镢头打土坯，修梯田，没有一晌不是一副受饿之态。夏天割麦，没有一晌不是累得虚脱的神色。秋天她握锨浇地，抢镐砍苞谷、挖红苕，没有一晌不是服役之状。冬天拉着架子车施肥，没有一晌不是汗水潜淋，棉衣从里向外蒸发其汗的。

[1] 从春夏秋冬母亲所做的事情和精神状态，突出了母亲辛劳、坚强的品质。

❶ "一勺一勺""一碗一碗"，生动地展现了母亲给全家人做饭的忙碌身影，使文章更有画面感。

❷ 抓住母亲深夜印在窗纸的身影这一细节，再次突出母亲勤劳的品质，体现了母亲对"我"的影响。

❸ "点灯""招呼""擦洗"等动作说明母亲为祖母执盆溲溺的动作非常娴熟，不仅体现了母亲勤劳能干特点，而且突出了母亲孝顺、善良的品质。

几乎是每天，母亲下工会小跑回家，利索地摘菜、擀面，或做别的饭。①她一勺一勺舀到碗里，一碗一碗地端给老老少少。终于姐姐长大了，我也长大了，可以给祖父祖母端饭了。母亲最后一个吃饭，接着洗碗洗锅。天黑了，星辰如洗，母亲坐在炕沿穿针引线，为公婆、子女和我的舅爷舅奶缝棉衣、缝棉裤、纳鞋底、纳袜底，不知道月驰中空，夜逼未央。②晚上如厕，从偏屋出来，我总是看到母亲的影子映在正房东屋的窗纸上。

给我祖父祖母四季浣涤，顿顿馍面，这也罢了。难能可贵的是，祖父逝世以后，祖母半身不遂，她毅然承担了全程护理。白天所食，皆由母亲喂之，因为姐姐和我在上学，妹妹和弟弟尚幼，对母亲的夹辅只能是零星的。晚上她按时间抱起祖母，执盆溲溺。③点灯，招呼，擦洗，难免会吵到我，在半睡半醒之中，我倍感母亲之累。每天晚上，她有两次助我祖母，从而保持了被褥干净，空气清爽，直至祖母安然殁矣。

有了农闲，母亲便往娘家去，看望自己的父亲和母亲。她做一笼花卷，再做几罗凉皮，分类放在竹篮里。她用纱布盖住，以防灰土落上。她把公婆和子女的生活安排妥当，再三嘱咐，便踏着乡间的小路，匆匆而去。她给我的舅爷舅奶整理房间，拆了被子，去污，晾干，再捶展，再缝了被子，拭窗掸壁，淘米炒菜，做了所有应做的活，又匆匆而返。母亲为大，她的三个弟弟，两个妹妹，无不由衷敬重她。她晚上很少在娘家呆，因为公婆和子女不可须臾离开她。

母亲至娘家，我总是若有所失。黄昏披垂，我便在村口向乡间的小路上远眺，希望迎接她，可惜她迟迟不归。^①终于月悬秦岭，星辰灿烂，母亲像一个漂移的点似的在白杨萧萧的小路上出现了。

小时候，姐姐、我、妹妹、弟弟，跟母亲在一起生活，因为父亲只有星期三才回少陵原。懵懵懂懂，打打闹闹，一个接一个地长大了。姐姐在人民公社的商店工作数年，便如期出嫁。1979 年，我进了大学。妹妹机会难得，接班到了父亲的工厂。^②弟弟情绪起伏，无所适从，遂成我家之惑。1996 年，我经大夫分析才弄懂，此乃疾病之端。

大约这个阶段，淡雅的梅花或菊花就从母亲的衣服上消失了。她开始改穿蓝的、灰的一类单色衣服。她明朗的容光之中，也加入了忧郁的元素。然而母亲仍是刚强的，仍是非常能干的。

在我生于斯长于斯的朱家巷，在我少年隶属的生产队，谁有我母亲能干呢？

我家的自留地，不管是小麦还是谷子，母亲可以种得没有一棵草，疏密适度，整齐苗壮。^③凡是经过我家自留地的长者，多会驻足欣赏，连连赞叹。

过年以前，母亲会使我家庭院的里外和前后焕然一新。她把笤帚绑在一根长长的竹竿上，够着打扫房梁上、天花板上及房间里所有的尘埃，之后化白土于水盆里，一刷一刷地漫墙。所有的被子，她要洗一遍。她把被子搭在两树之间的绳子上，一经冬日阳光的照晒，盖起来真是又暖又香。她撕下旧窗纸，糊上新窗纸，并要对称地贴上窗花。

母亲还有杰出的表现，一般妇女是不具备的。房顶上生长青苔和瓦松很正常，不过繁茂了便要阻水，导致屋子漏雨，是应该拔掉的。母亲就借了梯子，从

❶ 运用环境描写和比喻的修辞手法，用秦岭的夜景，烘托了"我"对母亲的期盼，将母亲比作"漂移的点"，突出了"我"见到母亲时的喜悦心情。

❷ 这里写弟弟的情绪起伏和这是疾病之端，为后文弟弟患精神分裂症、最终不治身亡的情况埋下伏笔。

❸ 描写路人在"我"家自留地前驻足欣赏，连连赞叹的行为，从侧面突出了母亲的勤劳能干，体现了"我"为母亲感到自豪和骄傲的心情。

墙头爬至房顶，自高而低，仔细撅草，并统统清扫一遍。看到别的小孩吃槐花麦饭，嘴馋也要吃，然而我家老的老，少的少，谁能抅槐花呢？母亲便爬上槐树，坐在树杈之间，抅下枝干，之后溜下槐树，择了槐花，濯净拌面，以蒸麦饭。① 当时母亲不到 35 岁，显然就是一个英雄。

❶ 将母亲比作英雄，体现了母亲勇敢无畏的形象特点和"我"对母亲的敬佩之情。

四

酸楚起于父亲的疾病，随之是我的灾难以及离婚，接着是我弟弟诊断为精神分裂症。接二连三的变故，沉重地摧残了母亲。她白发剧增，皱纹加深。然而生活是要继续的，天也不会绝路。

母亲左右求索，得到了神的启示，遂能凭着信仰行世。我以为她 60 岁以后的幸福，主要源于此。父亲留下了脑溢血后遗症，只能由母亲照料。虽然是不虞之祸，她也心平气和。给弟弟积极治疗，也应该是有希望的。1995 年我又结婚了，它显然也是对弥漫在少陵原的一种悲哀气氛的反击与否定。妻子真爱婆婆，婆婆真爱妻子，我觉得惬快，视我命运的吉庆是给母亲的安慰。

此间，母亲有几次进城看我。② 我自幼喜欢吃她做的凉皮，母亲遂带凉皮来，并用瓶瓶罐罐装着自己焅的豆芽及其他佐料。在享受凉皮之际，我会问村子里的情况，随之慢慢转向问父亲，问弟弟，给母亲以鼓舞。见我平安，妻子平安，女儿也乖，她便轻松地说："娃呀，你们都好，我就放心了。"便返少陵原，以照管我的父亲。

❷ 凉皮可以说是西安的特色食物，作者选取这一事物来写，使文章更加贴近生活，也更能突出母亲平凡、朴实、爱孩子的形象特点。

多年以后，只要想到母亲进城看我，我就为自己的一个疏忽深为遗憾，顿生隐痛。每次见母亲，不管在哪里，我都会给母亲一些零花钱。然而母亲进城看我，我竟有一次或两次忘了给母亲零花钱，让她空手归去。固然父亲有工资，固然母亲并未提出缺钱，不过，如果母亲钱不宽展，需要儿子的钱予以补贴日用呢？<u>① 多年以后，当我意识到这样一个问题，我就为让母亲空手归去而悔恨得想哭，我就想抽自己的耳光。</u>

我对生活的重整，尤其以拼命翻身，多少让母亲释怀且高兴。她不能放心的是弟弟。春夏之交，弟弟不禁会有狂暴的举动。住院治疗，有药控制，遂还平静。出院回家，他服着服便中断了药，于是狂暴就又爆发了。反复如此，母亲不得不携父亲离开少陵原，寓居于樊川或韦曲一带。母亲说："把他交给神吧！"见我沉郁，她就说："娃呀，不发愁，天哪里黑，在哪里歇！"

五

在我父亲得脑溢血后遗症的九年以后，2000年的冬天，我接到一个电话称母亲感冒了。不可能！我想，一定是严重的疾病。

我火速奔赴少陵原，只见她躺在床上，已经处于昏迷状态。急忙住院，诊断为脑血栓，几天之后，恢复清醒。三月之后可以出院了，然而右腿和右手都不灵便，语言也疙疙瘩瘩的。<u>② 不过她坚持祷告，笑迎日出和日落。</u>

我不如母亲，暗忖我家沉疴三人，难免忧闷。那些年，我经常从梦中猝然惊醒，旋坐床上，一再想我

❶ 对"我"悔恨得想哭，甚至想抽自己耳光的心情进行描写，突出了"我"深深的自责，情感真实，感人肺腑。

❷ 面对右腿和右手都不灵便，语言也疙疙瘩瘩的情况，母亲坚持祷告，笑迎日出和日落的行为，展现了母亲乐观积极的生活态度，体现了"我"对母亲的敬佩之心。

弟弟吃什么饭，我父亲和母亲会不会摔倒，遂再也不能入眠。

①母亲的伟大，是她能顺应惨绝的遭遇，不抱怨，不叹息，并能把一种内在的明亮和温暖投射到外在的形容上和声音里。她确实是黑暗世间难能可贵的一盏灯！

右腿坏了，不过步行是可以的，她就一高一低地赴市场买菜。右手坏了，她便用左手擀面、烙馍、洗衣服。她拿布条缠住刀片的一半，左手握之，以刀片的另一半切土豆、切萝卜、切白菜、切豆腐、切黄瓜、切肉。她用左手持铲炒菜，并用左手掌勺盛到碗里。

父亲仍由她照拂，屋子依旧干干净净，井井有条，甚至每一个用过的塑料袋也会缩结成团，放在一个纸盒里，以方便再用。

大约就是这些日子，我的逆境得以改变，遂给母亲雇了保姆。然而她一再辞退，认为自己能行。2010年秋天，父亲再犯脑溢血，乃至瘫痪，侍护起来甚为艰剧，她才同意我请保姆。

算一算，我母亲共照顾父亲20年，其中她以脑血栓后遗症之躯，照顾我父亲11年。2011年5月1日，我的父亲逝世了。

办完父亲的丧事，母亲便独立生活。此前，我已经接母亲进城了。她和我共住西安明德门小区，我妻子给她买菜，我也可以随时看她。我数征意见，要雇保姆给她，她无不干脆地说："不要！娃呀，我能行吗？"见我默然，她补充说："我不行了，你就雇。"我依了母亲，她便快乐的样子。

我父亲逝世三年以后，母亲衰颓明显。她移趾拖沓，扬眉拙滞，常常有所疑虑。②母亲虽然没有多少学历，

❶ 总结点评母亲的精神品质，直观地展现了母亲镇定、乐观、坚强的形象特点，同时也说明母亲对"我"产生了积极的影响，表达了"我"对母亲的钦佩和感恩之情。

❷ 直接赞美母亲的睿智、通明和敏锐，使母亲的形象更为鲜明。

不过她是睿智的，通明的，生命感觉颇为敏锐。

在这一年，她有两次郑重交代，我以为它就是遗嘱了。秋冬之际的一个黄昏，她对我说："娃呀，我要是不行咧，我就想走快一点儿！"

为了安全和容易操作，我买了电磁炉，以让母亲做饭烧水。烧水的壶，有一个弧形的柄，因为她左手之力有限，只能垂提，不能平端。她先提壶接水，再提壶放到电磁炉上，再提壶灌进保温瓶里。数年如此，并无大碍。^① 不过有一天她笑着对我说："不行咧，不行咧！一壶水提不起了。"

❶ 运用语言描写和神态描写，母亲连一壶水都提不起来了，却还笑着说，体现了母亲无奈又乐观的心情。

母亲的坦诚让我起敬，也让我伤感。母亲承认她不行了，就实实在在是不行了。我宽慰她说："放心吧！现在给你请保姆。"她说："请保姆吧！"

母亲在 81 岁的时候，以其之老，以其之恙，终于不能自己做饭烧水了。对此变故，我当谨记。

我便四处奔走，给母亲雇保姆。此事既是轻车熟路，又是无从把握的。中国的保姆让人生畏，令人失望。你可以交心，你难以得心。保姆是赚钱来的，这无大错，不过保姆来赚钱，是否会敬业，是否凭良知？总之，换了一个，又请一个，循环往复，计有五次。

六

2015 年 1 月 16 日早晨，刚刚起床，我便接到保姆的电话，告我母亲情况有异。我一边打 120，一边跑。三五分钟我便见到母亲，不过她已经昏迷。急救车随之而至，径送医学院。诊断为脑溢血，便直入重症监护室。

经过 43 天的治疗，一切都正常了，不过脑溢血后遗症严重至极：除了思维尚有，母亲彻底瘫痪，包括彻底失语。

大夫让母亲回家康复，我怕难保平安，便托朋友让母亲进了另一家医学院，在所谓的干部病房过年，过十五。一切都稳定了，我才接母亲回家。

母亲躺在床上，头不能在枕上转，脚不能在空中抬，十指也没有一个可以动。^①母亲几乎变形了，生命仿佛演化成了一棵植物。

然而任何珍贵的植物也不会有灵魂寓于生命之中。

我的母亲是有灵魂的。她紧闭嘴唇，凄迷满目。我想，她一定是觉得自己成了一个拖累吧！母亲是要强的，她不愿意这样。

我对妻子说："不管怎么样，我还有母亲。既使她不会答应，我也可以叫妈。如果母亲走了，就永远没有人可以让我叫妈了。"

为了振作和激发母亲，我说："妈，现在要训练说话呢。你跟我读。"我便发音："一、二、三、四、五、六、七。"母亲也随我发音："一、二、三、四、五、六、七。"她舌头僵硬，发音含糊。

我非常清楚，已经无法让母亲恢复说话的功能了，然而我想让母亲意识到我爱她，我需要她。我想让母亲明白，既使她躺在白色的护理床上，一动也不会动，她也仍有一个母亲的价值和尊严。

母亲很是幸运，临终之前的数月，竟碰到了一个天使般的保姆。母亲及母亲的房间一直是清洁的，连一个从新西兰来的护理专家也为之称赞。我以为此乃母亲的善报，是神的恩赐。

❶ 将母亲比作一棵植物，生动形象地写出了母亲身体机能退化的状态，体现了"我"无奈又伤感的心情。

妻子、我姐姐和我妹妹，交替着跟母亲说话，保姆也跟母亲说话，目的是促进交流，可惜她不应答，不理睬。她面向天花板，望着虚无，没有任何表情。

我必须唤醒母亲对生活的关注和热情，否则她的虚弱会加速的。我搬来一个方凳，挨近母亲坐下，讲我小时候所经历的她的故事。①我讲她掐生产队的苜蓿；讲她用架子车拉小麦磨面；讲她买猪、养猪和卖猪；讲她肩上搭着毛巾，一边擦汗，一边拌搅团；讲她腊月的黄昏在荒地里碰到了一匹狼；讲她把我绑在后院的槐树上打我，教训我。我唯一不能告诉她的是，我可怜的弟弟已经不在了。

母亲嘴唇嚅动，咽喉里也有了声响，显然百感交集，要表达什么意思。

可惜她左侧大脑半球受损，完全失语了，遂在脸上涌满了哀戚。

保姆夸我，我妻子扫视一周，对我点了点头。我姐姐和我妹妹颇为嫉妒地站起来，拉了拉母亲的枕巾，又抚了抚床单的皱痕。

母亲躺在床上生活着，我不知道她是否懂得春去矣，秋也去矣！

七

②2016年11月8日上午，我母亲走了。

❶ 连续用了一连串"讲……"的句式，使内容一气呵成，增强了感染力，突出了"我"对母亲的爱。

❷ 一句话交代母亲离世的结局，却给文章留下了悠长的余韵，令读者更能理解作者对母亲的不舍与深深怀念之情。

延伸思考

1. 品读文章，说说文中的母亲是一个怎样的人。

_____

_____

2. 从人物描写方法赏析下列句子。

（1）不过有一天她笑着对我说："不行咧，不行咧！一壶水提不起了。"

_____

_____

（2）她拿布条缠住刀片的一半，左手握之，以刀片的另一半切土豆、切萝卜、切白菜、切豆腐、切黄瓜、切肉。

_____

_____

（3）我对妻子说："不管怎么样，我还有母亲。即使她不会答应，我也可以叫妈。如果母亲走了，就永远没有人可以让我叫妈了。"

_____

_____

3. 文章饱含了真情实感，读来感人肺腑。品读文章，谈谈你的体会和启发。

_____

_____

告 别

名师导读 ▶

　　与其说这是一篇散文，不如说这是作者写给离世的父亲的一封告别书信。文章虽然篇幅短小，但作者将自己对父亲的依依不舍之情、对父亲生前与病魔顽强斗争的敬佩之情，以及面对父亲离世时的自我安慰、勉励的话语等融入朴实的文字，使文章充满了真情实感，令人感动。

　　爸，我们即此向您告别。

　　我们村里的本家人都来了，村里您过去的朋友也来了，您单位的故知和3507社区的主管也来了。亲戚不分远近，能来的全来了。您的儿女与儿媳、女婿，率其孩子都站在您的身边。我的老师和学生也来了，我的同学也有来的，我的朋友当来的都来了。宜之在外读书，来不及，不过她爱爷爷。

　　①我们即此向您告别。大家知道这是您的生命里程的最后一站，遂放下手中的工作，送您永归。请允

①交代情况，这是父亲离世时，大家纷纷来告别。

许我代表您向大家，也向这几天在灵堂前为您上香的及其呈送了花圈的我的领导、同事和朋友，表示由衷地感激，并为了您，谨记所有吊唁者的悲情！

您将见到我的祖父祖母。多年以后，我也要去见您。今世我们是一家，但愿来世我们还是一家。如果还有什么事情在这个世界上我们不便透彻交流，那么在另一个世界里我们敞开交流吧。

怕我的母亲出现不测，没有让她到这里来向您告别。有一次，您对我说：① "没有你母亲，我早就完蛋了。"确实如斯。尤其令人钦佩的是，我母亲在罹患重病的情况下照顾了您十年。请您放心，我们会善待母亲的。总有一天，她也要去见您。由她通报您走了以后，她的生活情况吧！

爸，越是临近生命的终点，您的生命意志就越是展现了峥嵘的面目。得脑溢血之后半身不遂二十年，不管步行多么艰难，您始终拒绝拐杖！再犯脑溢血，您就像一棵已经伐倒并横在田野的老树，然而您总是反复地从树端上和树皮之间长出绿芽！尽管死神到底战胜了您，不过您也一定让它领略了您的厉害。爸啊，您的生命意志真的让我增加见识，也使我恢复了自16岁反抗您以来曾经模糊了对您的敬畏。我能意识到这是您留给我的一份十分宝贵的遗产。在我的怀想中，久有您生动的音容，直到我去见您。

即此告别了！爸，您放心走吧！

① 引用父亲生前说的话，从侧面体现父母间深厚的情感，令人感动。

延伸思考

1. 读第四自然段，思考：

（1）采用第二人称"您"有何好处？

_____

_____

（2）"这个世界"和"另一个世界"分别指什么？

_____

_____

2. 品读句子所包含的思想感情。

再犯脑溢血，您就像一棵已经伐倒并横在田野的老树，然而您总是反复地从树端上和树皮之间长出绿芽！

_____

_____

启蒙老师

名师导读 ▶

　　文章以"启蒙老师"为标题，写了"我"小学阶段的四位班主任，每一位老师在教给"我"知识的同时，又对"我"的思想和人生观、价值观产生了深远的影响，因此这些老师都是"我"的启蒙恩师。文章采用夹叙夹议的方式，表达了"我"对老师们的怀念和感恩之情。

一

❶ 对杨老师的外貌、音色进行描写，并且采用朱家巷的毛手毛脚的妇女来反衬，突出了杨老师美丽、优雅的形象特点和"我"对杨老师的喜爱之情。

　　我平生遇到的第一个老师是杨云。

　　1968 年，我 8 岁，家长一再议论，当关进笼子了，至秋天，便给我报名入蕉村小学，开始念书。

　　杨老师既是班主任，又教语文和算术。教室昏暗，我所坐的泥墩也很低矮，但站在讲台上的杨老师却丰容仪娴，风姿绰约。❶ 她的头发真是乌黑的，然而脸白，牙白，干干净净，声调平静而清越，全然不是朱家巷来来往往的那些毛手毛脚的妇人。

放学回家，我宣告长大找媳妇就要找像杨老师一样漂亮的。不清楚我的决定怎么让那些毛手毛脚的妇人获悉了，或叫奶奶的，或叫婶婶的，或叫姑姑的，她们扛着锄头，挽着帽辫，在朱家巷碰到我都会问："杨老师漂亮不？"我说："漂亮。"她们激动地笑，我也跟着笑，根本不管杨老师风闻我以她为择偶标准将做何反应。

①杨老师的板书清朗而有力。汉字，阿拉伯数字，一行一行的都极为整齐。她经常手把手教学生握铅笔。她反复领读课文。早晨要检查卫生，谁的手脏，她就让谁在盆子洗。盆子是她的盆子，水也是她从井里打的水。她做事极其认真，唯落寞了一点儿，冷了一点儿。

她是小学一年级和二年级的老师，春秋两度，影响如烙，当然深刻了。

❶ 通过写板书、教学生写字和检查学生卫生等行为，突出了杨老师教学严谨认真、关爱学生的形象特点。

二

②三年级班主任是王淑叶，其生性喜悦热闹，似乎易于满足世俗之乐，不过一旦发怒也很厉害。

有一天，我和几个同学在课间混闹，隐隐感到她在睨视，然而并未觉得玩得有什么大错，遂未终止。铃声一响，王老师迅步走进教室。她红涨两腮，满脸怒气，十分气愤地要求有不当行为的同学背朝黑板站

❷ 一句话概括王淑叶老师的性格特点，起到了总领该部分内容的作用。

出来。提醒两遍，有三位同学就离座上去。我欲蒙混过关，装着不懂何是不当行为，遂没有动。王老师说："还有谁，请自己上来。"便又有一个同学低头上去了，不过我仍未动。王老师又一顿一挫地说："还有谁，请自己上来。"我执意认为自己不属于要受罚的，就继续挺身在座。王老师略有停息，教室一瞬极为安静。她突然锐声点我姓名，令我上去。我明白在劫难逃了，遂乖乖上去，加入受罚的同学之列。

王老师究竟批评了一些什么，以我处于羞愧之中，并没有完全听见，然而不当行为的要害是什么，我听见了，而且完全掌握了。

多年以后，我想到这次受罚，窃以为王老师之举英明而果断。① 她是一个防范青春期孩子误入歧途的守望者，呵护者。

有时候，我朦胧地意识到以此混闹及其久不认茬，我会给她留下可疑的或含瑕的印象，甚至我觉得她对我存有偏见。当然，这也并未对我构成任何困扰。

王老师教语文。她是否也教算术，我已经忘了。

三

到了四年级，叶兰君当班主任，兼教语文。

她有几个儿子，似乎粮食短缺，经济也紧。② 有时候她会举着馒头一边走，一边吃。馍不夹肉，也不夹菜，夹的是盐。不是不喜欢吃肉吃菜，是肉贵菜贵。光啃馒头不好下咽，遂以盐调和。

① 作者将王老师比作"防范青春期孩子误入歧途的守望者，呵护者"，生动形象地说明了王老师严肃的外表下藏着对学生的关爱和对工作的负责，表达了作者对王老师的感恩之情。

② 详细地写叶兰君老师吃夹盐的馒头，突出了叶君兰老师困窘的生活情况，与下文叶老师弹琴唱歌时洒脱的样子形成了鲜明的对比，既体现了"我"对叶老师拮据生活的心酸，又表达了"我"对叶老师的钦佩之情。

她的办公室兼卧室和厨房也比较零乱，但在墙角所置的一台钢琴却使其蓬荜生辉。一旦她且弹且唱，这里便洋溢着一种艺术气氛。她音域宽广，擅长美声，不知道是否会遗憾自己仅仅当了一个落魄的小学老师。

叶老师曾经有一言给了我终身的暗示和鼓励。那时候，她会经常在课堂上朗读一些英雄的故事，虽然她读着读着便打盹，然而我能坚持听下来。我双手后背，坐得端端正正，听得聚精会神，并充满了对英雄的向往。大约觉察了我的一种状态，她有所感，就对二年级一位班主任夸赞我将有出息。① 她说："你看着，我敢打赌！"我在校园里乱跑，无意之中听到她的肯定。当时两位老师一边生炉子做饭，一边聊天。我悄然而去，她们也没有发现我。

四

五年级，小学就要毕业了，班主任韩淑玲，教语文，也教算术。

② 韩老师修长，清丽，看起来既聪慧，又干练，总是胸有成竹的样子。在蕉村小学的女老师中，她是唯一在气质上显得有高贵意味的一位，刚柔兼具，其言不繁，也不短。

我收发作业，频入她的办公室，可以看到她日常生活的一面。逢其用餐，必招呼我，吃一点儿吧！她的女儿由她带，大约读二年级或三年级，对其母亲颇

❶ 运用语言描写，写叶老师不经意的一句话展现了她对"我"的认可和欣赏，而这句话带给了"我"无限的信心，这也是"我"喜欢和感恩叶老师的重要原因。

❷ 对韩老师的外貌、性格和气质进行描写，突出了韩老师姣好的外貌、聪明能干的性格，以及高贵的气质，体现了"我"对韩老师的赞美和喜爱之情，也为下文写韩老师用巧妙的方式教育"我"的事做铺垫。

为敬畏。我也发现她对女儿严肃且严格。

有一次我冒犯了祖母，祖父一呼，她听见了。我家与小学为邻，她立即隔墙探头，也看到了。我等着她训斥，但她却只瞪了我几秒钟。我很是忧愁，怕她下午在学校批评我。上课了，我坐在教室，准备承受她的指责。不过她只是用目光扫视了我一下，讽刺我说："能干！"声音很低，遂转入语文解析。我相信没有几个同学能发现其中的奥秘，所以韩老师保住了我的尊严。然而她深重的眼睛和轻浅的词语，给了我触动灵魂的教育。①韩老师，怀念你！

五

我在小学经历有三届校长：杨万凯、魏治安和张翊鹏。

杨校长因一些特殊原因匆匆调离了。

魏校长大嘴，大背头，额上的皱纹细而密集。他眼睛如缝，嗓门坚硬。

张校长满头白发，以短皆竖。不清楚他多少岁，他的白发并不标志他的年老。他仿佛从小就有白发，只不过白发延续到了年老而已。②总之，他始终是一种状态：睿智，果敢，不倦。

张校长与我父亲算是朋友，一盒烟，一壶茶，就能在我家聊至深夜。

我可怜的蕉村小学，2010年被夷为平地，湮灭了。实际上它在中华民国就有了，是方圆几十里诸村共享

❶ 采用直抒胸臆的方式，直接表达"我"对韩老师的怀念之情，情感真挚而浓烈，增强了感染力。

❷ "睿智、果敢、不倦"三个词概括了张校长的形象特点，既能使张校长的形象更加鲜明，又起到了激发读者好奇心，引出下文的作用。

的一个小学。

我的老师多是蕉村的，有的虽然家在韩家湾村、羊村、高望堆村、东兆余村或西兆余村，然而都在少陵原上，远不逾五里。^①他们的学历并不高，不过其学力足以胜任教学，而且尽心尽职，尤其不会把浩繁的作业摊派给学生，以榨取他们的分数，为自己谋得奖金和晋升。我的老师只在黑板的一方留下作业，以使学生巩固课堂知识。他们绝不会把学生任情任性及其创造的空间挤扁压瘪。

我就是在他们富于快乐地教学过程中成长的。我不但慢慢地开始了知识的积累，重要的是，我产生了追求知识的动力。我以为我所有的上进心、荣誉感、道德律、善恶观、怀疑精神、审美意识，都是在蕉村小学萌生的。我不知道我的这些老师现在都居何处，身体怎么样，是否行世，然而我敬他们，爱他们，感谢他们。

❶ 总结老师们虽然学历不高，但能尽心尽力教学，表达了"我"对老师们的感恩之情。

延伸思考

1. 文章为什么要以"启蒙老师"为标题？谈谈你的理解。

_____

_____

2."有一天，我和几个同学在课间混闹，隐隐感到她在睨视，然而并未觉得玩得有什么大错，遂未终止。"这句话中的"睨视"是什么意思，有何妙处？

_____

_____

陈忠实的挎包

名师导读▶

　　陈忠实是中国当代著名作家、中国作家协会副主席，曾获得茅盾文学奖，其成名作《白鹿原》被教育部纳入"大学生必读"系列。本文是作者以陈忠实的黑皮包为线索所写的一篇回忆性散文。作者通过黑色挎包，向读者展现了陈忠实朴素、节俭的生活作风，务实的精神和不随波逐流，保持自我的精神，表达了作者对陈忠实的钦佩与怀念之情。

　　陈忠实是春天逝世的，每当这个时候，我便会特别地慨叹他。所谓触景生情，也应该包含此意吧！

　　近来我总是想起他的那个黑皮包，断了这个念也不行。走进会场，他背着黑皮包。参加晚宴，他背着黑皮包。往西安易俗社去看戏,他也背着黑皮包。夏日，他穿着白衬衫，背着黑皮包。冬日，他穿着黑呢外套，还背着黑皮包。① 那个黑皮包他用了多年,已经很旧了，四面皆有龟裂。

❶ 采用细节描写，写黑皮包四面皆有龟裂这一细节，生动形象地体现了黑皮包的旧，展现了陈忠实朴素、节俭的生活作风，表达了作者对他的敬佩之情。

作家里凡是大有身份的人，出席什么活动，一般都不带包。王蒙不带，冯骥才也不带。到西安来会陈忠实的一些朋友，从维熙或张贤亮，台上台下，徙倚进退，都不带包。不带包当然潇洒，见面握手，告别点头，左右应酬，可以尽显风度。

芦苇和杨争光倒是喜欢带包的，不过他们背的是草绿色帆布包。它是文化的一个象征，这二位展示的是另一种风度。

贾平凹先前也背着一个黑皮包，老是鼓鼓囊囊的如他的书房，里面颇为丰富。不知什么时候，他也不带包了。这种变化是不知不觉的，不关注他的人并不会察觉。不带包自有其道理，它确乎使人手脚麻利，爽畅轻快。

如此考量，以后我也不准备带包了。可惜我是教书的，免不了教案、U 盘和水杯，看起来是不好弃包的。

陈忠实的包是实用的，他装的是电话号码簿，几百个电话全是他抄上去的。他有吸烟的习惯，雪茄和打火机当然也在包里装着。钢笔、眼镜和水杯，都会放在包里。少量的钞票，也会放在包里吧！^①有一次，他还从包里取出一幅自己的字，送给了一位医生。他的黑皮包虽然不大，不过在其结构里有夹层，有格挡，陈忠实所携之物件统统会找到合适的空间。各归其位，颇为方便。

黑皮包破了，他就买了一个新的以取代老的，不过牌子是一样的。多年以后，新的也出现了龟裂。走南闯北，他一直背的是黑皮包。陈忠实大体属于朴素一类的人，不过炎凉青黄几十岁，也渐渐养成了自己的风度。他的黑皮包也并没有妨碍或影响他的潇洒，

❶ 运用举例子的方法，以从包里取出一幅自己的字来送给医生为例子来具体说明陈忠实黑皮包的实用价值，使读者更能理解他带包的原因。

反之，它成了一件小而必备的道具。陈忠实的挎包使他非常自然地表现了自己的人生。

大约是 2008 年的暮秋，陈忠实要见一位领导，我便在酒店的大堂等他。他慢慢走到电梯前，又折回来，说："我不背包了。"便交给了我。我说："陈老师，这包跟枪一样重要，你就交给我了？"他一下嗬嗬地笑了，脸上满是明朗。

延伸思考

1. 作者为什么要写陈忠实的黑皮包？

_____

_____

2. 谈谈你对"陈忠实的挎包使他非常自然地表现了自己的人生"一句的理解。

_____

_____

3. 文章结尾，作者写到"他一下嗬嗬地笑了，脸上满是明朗"，这句话中的"嗬嗬"一词能否换成"呵呵"？为什么？

_____

_____

苦难与智慧

名师导读 ▶

　　这是一篇充满了哲理与真情的散文。作者以"苦难与智慧"为标题，开篇便指出自己想要见一见史铁生，并且写史铁生作品对自己的积极影响，表达自己对史铁生作品和为人的喜爱，接着将史铁生的遭遇和克服苦难的过程娓娓道来，然后写自己终于见到史铁生，并与之交谈的过程，最后写这次交谈给自己的影响和启发。体现了"智慧诞生于苦难"的观点，既有对史铁生的敬佩之情，又自我勉励，同时引发了读者的思考。

❶ 写"我"对史铁生的评价，突出了史铁生有心、坚强、高贵而忧伤的形象特点，起到了总领全文、引出下文的作用。

　　大约有二十年的时间，史铁生是我耿耿想见的一个人，此念想源于他那篇关于清平湾的作品。我的见一见他，并不是要请教小说的技法问题，也不是钱钟书先生所调侃的吃了蛋还要看鸡的嗜好。❶我觉得他是一个有心的人，他的灵魂有一种历练之后的澄明，还有一种高贵的忧伤。这是他的作品给我留下的印象，当然也是他的作品挑起了见他的念想。我一向善感，现实中的或艺术中的事，每每会打动我，于是近乎二十年之前我那充满忧伤的青春岁月，就非常易于为史铁生的忧伤所浸润，随之汩汩地流泪，并感到了灵魂的净化和抚慰。然而也不仅仅是这样。我发现史铁生对生活留恋得极为深沉，甚至他认为清平湾的牛都知道羞耻，有道德，而村子的男女老少则无不属于良家。我十分诧异，窃以为他在无意之间弄出了人之将死其言也善的信息，清平湾的暖色显然是黄昏的暖色。我独守这个发现，拒绝交流或传播，是出于对宇宙之中一种神秘力量的敬畏，也不愿意让人骂我是诅咒史铁生。① 我多少也有文士相轻的毛病，对一般人的作品，通常只是品尝一下，领略其味就行了，可对史铁生的作品却兴趣强烈，能得到的一定要读。除了他的作品让我喜欢之外，我还有一个目的就是捕捉新的信息，并想见他。我常思索，如果史铁生知道在西安有一个人这样关注他，而且是暗暗的、持久的，那么他大约很是反感。可惜他无法发现我，并阻挡我。② 不过我想见他的念想也是淡若轻烟，飘若浮云，忽隐忽现的，然而这个念想似乎也特别顽强，一岁一岁地延续下来，没有消失。我明白，见一见是需要机会的，遂等待着机会。

实际上我所捕捉的信息是很准确的，有史铁生的作品提供的证据。不过在清平湾之后，他显然已经战胜了自己。我的意思是，他曾经一步一步地走到了死的悬崖，甚至要纵身一跳，以摆脱身后的世界。可他却终于醒悟，决定要生，遂返回大地，从而看到了清平湾的美丽。醒悟的过程是漫长的，也是艰难的。也

❶ 采用对比的手法，写"我"对于别人的作品只是品尝一下，而对于史铁生的作品则一定要读，突出了"我"对史铁生作品的喜爱，这也是"我"想见史铁生的一个重要原因。

❷ 把"我"想见史铁生的念想比作轻烟、浮云，突出了这种念想时有时无，但却不会消失的情况，为下文"我"去见史铁生的行动做铺垫。

155

许只有史铁生知道，一个多么英俊，多么自尊，充满希望的青年，突然双腿废了，不得不靠轮椅在世间游移，是怎样一种苦难。是的，史铁生的苦难是从双腿有病开始的。人类有形形色色的苦难，而史铁生的苦难则起于身残。

苦难有时候真像大海，溺于其中的人，往往会由于难以承受其折磨而颓唐，而堕落，或是变得嫉妒和仇恨，甚至有的会图谋报复社会，若实在走投无路，那么便自杀。在我周围就有这样的故事发生，而苦难所造成的消极心理，我则完全可以考量，并愿意理解。在史铁生双腿有病的开始十年，他经常摇着轮椅把自己运到地坛。那是一个古老的祭场，不过史铁生进去的时候，它已经成了一个又破败又荒芜的园子，只有厌世或隐身的人才喜欢这里。史铁生显然是希望躲避喧嚣的，躲避所有的人，甚至要躲避自己的母亲，或分担母亲的忧伤。① 母亲也知道儿子的煎熬，然而她难以有效地安慰儿子，或减缓儿子的煎熬。如果史铁生离开家的时候不是心平气和的，那么他母亲便不会安安静静地待在家里，即使史铁生不烦不恼地走了，她也不能。她总是在史铁生出门之后，要悄悄地到地坛去，以看一看儿子。史铁生不愿意遇到人，甚至在落寞的园子，他也要藏在树后或林中，这为母亲找他增加了难度。有几次，他发现母亲在园子张望着，四下张望着，终于也未能发现自己，遂怅然而去。之所以母亲未见他还能走，是因为园子的气氛是正常的，她感到儿子还好，虽然未见。如果儿子不好，那么园子早就会有一种惊异与紧张的气氛。不过她走，也是怅然的。史铁生躲避在古老而荒芜的祭场，竟连母亲

① 写史铁生的母亲对儿子的关注、担心又不忍心打扰的情况，突出了母亲对史铁生深沉的爱，而这也是史铁生摆脱苦难的一个重要的动力，为下文说明史铁生是一个有心的人做铺垫。

也躲避，主要的原因，甚至唯一的原因，是他正经受着苦难的锻造。他不希望任何人看见他挣扎的状态。这仿佛蛇蜕皮，蝉脱壳，虎狼豺豹舔其创伤，总是隐蔽在角落进行的。禽兽也会维护其自尊，何况是人，何况是史铁生。也许这还不仅仅是一个自尊的问题，它有可能是出于宇宙之中一种神秘的力量，具有生命诞生的性质，或是要脱胎换骨就必须这样，因为它将导致人的根本变化。苦难有时候真像大海，史铁生溺于其中近乎十年，终于摆脱了沉沦之势。

当然，他还从苦难之中掌握了智慧。至于苦难怎么变成了智慧，是用加减法，还是用乘除法，还是混合用之，他似乎省略了。不过总之，他是我知道的，在世间同路而行的人之中，唯一对死有研究的人，而他的结论则从实践获得。他是以见证死来研究死的人。他对死的研究，使他完全达到了这样一个高度：他凌驾于死之上，从而潇洒地生。① 在这一点，我觉得他似乎有一种宗教的精神，使我易于想到释迦牟尼的信徒或耶稣的信徒。我以为，这是一种智慧，它使灵魂扔掉了庸常的累赘，变得澄明，充满了人之为人的纯洁。我所谓的有心，就是指这种经过一番历练之后才获得的纯洁，而史铁生则属于有心的人。多年之后，史铁生完全理解了母亲，也对母亲产生了一些负疚和懊悔，并深沉地纪念着母亲，这便是有心的表现。史铁生早就把对母亲的感情，扩而大之为对万物的感情，而这则恰恰是一种智慧。史铁生的苦难是从双腿有病开始的，他的智慧是从苦难开始的。对于这样一个人，我当然是要见的。

② 机会出现在一个夏天的下午，大雨以后。我进

❶ "我"之所以联想到宗教精神，是因为"我"认为能够战胜苦难，重获新生是一般人做不到的，再次突出史铁生超出常人的坚强、勇敢和乐观精神。

❷ 采用环境描写，营造了清幽、凉爽的气氛，烘托了"我"即将见到史铁生时愉悦的心情。

157

入史铁生所居的社区之际，那里低凹的地方还汪着水，空中也有一种混合着花草与树木的气味，非常凉爽，有老人和孩子在路上且行且停。我敲了敲门，他的妻子便打开礼让我，接着史铁生摇着轮椅出来，迎我到客厅去。近乎二十年之间我想见的人，一旦坐在我的面前，我居然不知道怎么说，说什么才算合适。① 孔子曰："知者不失人，亦不失言。"我便是这样考虑的。在以中国人惯常的相互问候之际，我对史铁生突出的印象是，如果他站起来，那么一定很高大，很魁伟，他在街上碰到流氓或盗匪，一定会有勇为。他也有静气，偶尔的一个手势，还带出了一种领袖的风采。他的身体仍然是麻烦的，他告诉我，每星期做两次透析，使人非常疲倦。透析就是把血液抽出来，消除其中的毒素之后再输进去。消除血液中的毒素，也会损害血液中的一些营养，所以会疲倦。他解释自己的身体，就像解释叶的光合作用或冰的物理变化，是没有任何忌讳的，这便是达观。他很清楚出版行业的变化，并以印数和版税计算我的一本书的报酬，还表示祝贺，不过我明白他对这种问题缺乏兴趣。他这样做，无非是量体裁衣，见客炒菜，以照顾我的情绪。讨论我和他共同认识的一位作家，其骤然兴奋，并对她有可能的成功表示期待。零零散散，任其自然，就到了我应该离开的时候，遂起身告辞。史铁生摇着轮椅一直送我，走过客厅还继续走。我要出门了，便站下，转过身说："请你留步！"他挥挥手，笑着说："你走好，再见！"

离开史铁生所居的社区，我便在北京消失了。不过我一直回味我对史铁生说的话：请你留步！严格分析，它属于弗洛伊德所指出的口误。在我的潜意识之中，

① 这句话的意思是可以和他谈的话，却不和他谈，这就是失掉了这个朋友；不可以和他谈的话，却和他谈，这就是说错了话。即有智慧的人既不失去朋友，又不会说错话。引用孔子这句话生动形象地体现了"我"想和史铁生交谈，又害怕自己说错话的心理。

显然认为史铁生是一个健康的人，否则不会那样用语。如斯用语，有失推敲，它当然也是在我设防不严之际自己涌出的，总之难免有一点儿唐突与冒犯，并害怕刺激他。我也久久想到他的客厅。地板是不加修饰的水泥地板，桌椅都是旧的，由于住在一楼，光线显得黯淡，然而刘梦得有言："山不在高，有仙则名；水不在深，有龙则灵。"孔子有言："君子居之，何陋之有！"我还感到上帝的伟大！ ① 上帝常常给金玉似的身体装满了败絮似的俗气，以让这种人到处展示自己的浅薄与卑劣。反之，常常给疾病之躯注入灵性，并让这种人静静地放射自己的光芒。我不知道上帝是什么旨意？是要造成悬殊的反差吗？若是，那么这种反差的作用何在？难道是要启示：瞧，人的能量多么巨大，疾病之躯都会修成澄明的灵魂，难道强壮之身不能吗？不过也可能是这样的启示：苦难并不是幸福的绝路，如果你愿意，那么苦难还培育智慧呢！然而这都是我的一点猜测，窃以为我愚笨的脑子是不能提供优秀思想的，请包涵，请原谅！

❶ 运用对比的手法，使身体光鲜亮丽却没有内涵的人与身体有残疾但富有灵性、具有光芒的人形成鲜明的对比，表达了"我"对前一种人的讽刺和对史铁生的赞美和敬佩之情。

延伸思考

1.品读文章,并结合文章内容回答史铁生是如何从苦难之中掌握智慧的?

_____

_____

2."我"为什么一直想见史铁生？谈谈你的看法。

_____

_____

3. 品味下面句子的含义和作用。

苦难有时候真像大海，溺于其中的人，往往会由于难以承受其折磨而颓唐，而堕落，或是变得嫉妒和仇恨，甚至有的会图谋报复社会，若实在走投无路，那么便自杀。

_____

_____

第五辑

在文化中生活

中秋节除赏月之外，也赏桂。目遇之，月光明；鼻嗅之，桂花芳；又有耳闻之，丝竹幽，真是何等趣味。当然还有故事，凡古贤者所创作的嫦娥奔月，蟾蜍变玉兔，或吴刚伐桂，甚至朱元璋以月饼递送起义情报，都会在中秋节讲一讲。

【预测演练】

阅读下面的文字，完成下面各题。（8分）

社　火

　　①西安的社火曾经年年耍，多处耍，不过竟成气候并最精彩的，南有细柳镇，北有大白杨，这仿佛满树鲜桃，选到底，实际上数一数二的最甜。

　　②大白杨的社火古既有之，又能继承，尤其是大白杨的东村与西村互相比较，明争暗斗，败者为耻，胜者得意，遂兴旺发达，影响达于关中。

　　③正月初二，还在春节之中，东村和西村的锣鼓便敲打起来，以哗然造势。然而关键是知己知彼，才能震之，于是他们就趁亲戚走动之机进行侦探。可惜社火头早就下达了保密命令，究竟谁敢冒天下之大不韪，透露消息呢？甚至临近比赛的那几天，连舅到外甥家，媳妇回娘家，也受到防范。情报难取，遂根据往年的题材和当年的形势，聚智囊于一室，分析对方，以制定自己的策略。不是发兵，但气氛之紧张却像打仗。

　　④酝酿数日，到了初十，就当亮宝了，如歌谣所唱："天明了，

雨停了，大白杨的社火闹开了。"只见在东村与西村之间，立一根石柱，社火头各率其队，相向而行。当然，人从方圆几十里而来，水流云集，尘飞土扬，欣赏中国式的狂欢。

⑤在先的往往都是锣鼓方阵，小伙子无不身强力壮，头缠白毛巾。不过彼此衣服有别，你穿红，我就穿黑，你穿蓝，我就穿灰。当然偶尔也有碰巧都穿红或都穿蓝的。接着你舞狮，我就舞龙，你骑竹马，我就划旱船，你扭秧歌，我就踩高跷。所谓高跷就是削柳木为棍，2尺到5尺，绑在两膝外侧，扶起为腿，腿遂加长，升人至半空。踩高跷就是走柳木腿，一步一步移腿向前，艺在奇险。男女皆可以走柳木腿，不过男比女狂，女比男娇。还有扮相，或包公，或曹操，或陈世美，或晋信书，常取传统戏剧里的主角，不失教化。

⑥社火的绝活为芯子。大白杨东村和西村社火的成败，辄以芯子的特色而定。到了正月十五，耍社火耍到巅峰之际，他们的芯子才盛装面世。所谓芯子是指扭曲铁杆为种种造型，挑漂亮且聪明的孩子，把他们固定在铁杆上。当然，这些孩子也皆有脸谱。芯子有的是一层，为平台，有的是二层甚至三层，为高台，有的还是让人惊愕得倒吸凉气的转吊。到底是东村赢还是西村赢，关键取决于芯子。他们悄然窥测的，也主要是对方的芯子。压住对方，也靠芯子，遂反复研究。他们为芯子劳其心思，绞尽了脑汁。这也是看社火的人都知道的，所以一旦芯子出场，无不屏住呼吸，随之用呐喊或沉默表达自己的评判。有一年大白杨东村倾力制作了周瑜打黄盖，不料西村竟是诸葛亮三气周瑜，周瑜赔了夫人又折兵，引起轰动，西村遂胜。又有一年，大白杨西村登台的是白娘子站在许仙的伞沿上，真是独具创意了，然而恰恰东村上演的是法海收白蛇于钵，并以雷峰塔镇之，东村遂胜。

⑦耍社火输了也就输了，没有组织惩罚，不过在大白杨的农民看起来，这涉及荣誉，遂很是在乎。比赛一毕，若气氛纠结不和，那么锣鼓便越敲打越硬，甚至会敲破锣，打破鼓，紧张得横鼻竖目的。气氛相谐，就欢喜而散，或断断续续耍到了二月初二。一般都是欢

喜而散的，不过即使输不服赢，赢不让输，也颇为可爱。艺术的发展恰恰要有这样一种认真的精神。

⑧细柳镇就是周亚夫驻兵，并以治军之严受到汉文帝表扬的地方。可惜缺乏实物证明，从而也有能者和贤者认为周亚夫驻兵是在别处。然而无论如何，这里现在诸村棋布，好耍社火。社火搞得极有影响的，主要是荆一村和荆二村，其各有数千人。荆一村含伍家堡，秦家堡，王家堡，荆二村含张家堡，左家堡，辛家堡。

⑨也是从正月初二开始，小伙子敲锣打鼓，进村烧腾。烧腾就是此村启发彼村耍社火，不参加便日复一日地进村，甚至敲夜锣，打夜鼓，鸡犬难眠，直到社火头答应参加。空口无凭，还得把村名和社火头的姓氏写在一面红旗上当信物。按如此模式，荆一村和荆二村全部参加，遂归安宁。数日烧腾，数日准备，便到正月十五了。经社火头商量，圈下了百余亩的麦田作场子，以纵情任性，放开胳膊抡。春光融融，土地平坦，总有数万乡里青壮妇孺拭目而待。

⑩一阵唢呐之后，便是雷鸣般的锣鼓，荆一村轰然舞狮了。普通都是两狮对舞。仔细观察，可以发现每狮由两人搭档，一前一后。在前的人，手撑狮头而舞，两腿便是其狮的前腿。狮嘴大张如洞，以让他顾盼探路。在后的人，手拉在前的人的衣服，他的躯体便成了狮背和狮胯，他的两腿便是狮的后腿。有一个腰系红绸的小伙子持其红球，在两狮之间旋绕，红球闪烁般的忽高忽低，忽左忽右。两狮随红球而扑，而跃，而窜，昂首翘尾，显尽其能。红球突然落地，两狮猛地站在红球上，登其转动。欢呼之中，两人猛地揭去狮头，露出了汗水淋漓的脸。

⑪掌声还没有响尽，荆二村的高跷就浩然现形了。急于展示，也许是有得意之作吧。果然走上来的是杨延昭斩其子的团队，个个都惟妙惟肖的。杨延昭当前，其头戴帅盔，手攥帅印，铠甲鳞鳞，泰然有威。随他的是靛衣红须的焦赞和孟良。接着是佘太君，黄鹤之服，鬓发染霜，拄一根龙头拐杖。接着是赵德芳，其戴王冠，穿

蟒袍。接着是白鞋红褂的杨宗保，在辕门要斩的就是他。接着是穆桂英，她头插翎子，身披征衣，背飘四旗。随之是憨态十足的穆瓜。这些角色乡里人在秦腔中皆有所见，也耳熟能详，遂颇为喜欢，当然掌声如雷。

⑫接下来的节目是芯子，彼此显然较劲了，不过这正是乡里老少所希望的。荆一村伍家堡抬着一套青山绿水，荆二村张家堡便抬着一套奇花异草，荆一村秦家堡以歌台舞榭作炫，荆二村左家堡便以神宫仙洞为撼。荆一村王家堡忽然改换路子，让牛郎上，牛郎肩挑七尺扁担，金哥在一端，玉妹在一端，天流白云，银河在望，蓦地打开了想象之窗。荆二村辛家堡灵机一动，让猪八戒上，猪八戒背媳妇，这显然俗了一点，不过它使欣赏之人无不开怀大笑。难分难解，一浪高过一浪。于是荆一村就让刘沉香提月牙斧，勇攀华岳，劈山救母，从而获得一片喝彩。荆二村便让韩琦自杀，以使秦香莲携两个孩子逃命。夕阳散淡，寒意遂袭，乡里之女便骂陈世美没有良心，不得好死，渐渐返村。细柳镇阡陌纵横，道皆狼藉。

⑬社火是古时候祭祀土地神的一种演变。社就是土地神。先民发现土地会生长黍稷，以成食物，使人生存，遂对土地敬而祭祀。祭祀有春社和秋社，足见先民的虔诚。祭祀总是围绕庙堂举行，并有一定的仪式。大约到了唐以后，社火置换为一种节庆活动，在宋已经十分流行。范成大说："民间鼓乐谓之社火，不可悉记，大抵以滑稽取笑。"

⑭社火的内容以传统戏剧里的角色为主，不过也随形势而变迁。20世纪40年代，农民有背蒋介石像的，到20世纪50年代以后，便是抬毛泽东的像了。有一度毛泽东让农民学习大寨，遂有梯田，养猪便上猪，种棉花便上棉花。1978年以后，现代化很盛，农民便让拖拉机或收割机上。然而终于还是秦腔里的角色受乡里欢迎。农民说："春节要热闹，锣鼓加社火！"

⑮芯子的支撑工具一直处于改进之中。初有独轮车推的，不过更

常见的是人抬，把造型置于桌面上，由八个小伙子抬着，如果是高台或转吊，那么会更吸引眼睛。也有牛车拉的，这就把人解放了。之后是汽车，牛也得到了解放。然而一旦汽车替代了牛拉或人抬，耍社火的热闹程度便顿减。凡事都是这样，人越是倾心倾力，人越是充满激情。

⑯社火的现实威胁当然是城市化运动。唐梨园在今之大白杨一带，受其影响，这里久耍社火，世代相传。可惜遇到村子拆迁，自2008年秋天耍社火之后，有数年未耍了。2012年8月15日，大白杨东村和西村的社火头相聚，一片叹息。东村社火头张广利说："村子拆迁，把很多家伙都丢了。"西村社火头黄有财说："楼盖好了，我让人把戏服从箱子里拿出来挂在篮球场上晒了一遍。"然而耍社火，他们缺乏经费。过去村子周边有企业，还可以让老板赞助，现在没有企业喽。大白杨失去了土地支持，细柳镇的土地也处于虎爪狼牙之间。即使西安的边界还没有被盯上，或是有的土地会由农民长期使用，不存在开发问题，然而农民的子女都像逃避瘟疫似的离村入城，谁当社火头呢？谁耍社火呢？谁看社火呢？社火作为一种非物质文化遗产当然是要保护的，不过任何东西一旦到了要保护的程度，其气数也就快尽了！

⑰小时候我很野，父亲在工厂上班，母亲在乡里管不住我，遂经常乱逛，而且往往独行。大约十二三岁，或十三四岁，我曾经下少陵原，在潏河一带看农民耍社火。路窄，路弯，摩肩接踵。路是路，遍野都是路，老老少少皆抄近路涌向场子。我不知道场子有多少亩大，麦田无边，人无数。几年以后，语文老师让我用人山人海的成语造句，我想起农民耍社火的情景，那真是人山人海。我是少儿，什么芯子也没有看到，不过我看到了风中弥天的白尘，白尘下人的走石激浪，轰轰烈烈，到处都在卖小吃，卖气球，卖鞭炮，卖剪纸。尽管是少儿，然而我参加了狂欢，体验了农民的狂欢。今之孩子，在何处能狂欢呢？

1. 阅读第③段，比赛前的社火筹备工作表现在哪些方面？（2分）

_____

_____

2. 文章是从哪些方面介绍社火的？请分点概括。（4分）

_____

_____

3. 下列表述，符合原文内容的一项是（　　　）（2分）

A. 男女皆可以走柳木腿，还有脸谱，不过男比女狂，女比男娇。

B. 西村东村上演同样的白蛇传题材，互不相让，最终西村出奇制胜。

C. 春节之中，东村和西村的锣鼓便敲打起来，人头攒动，欣赏中国式的狂欢。

D. 耍社火输赢涉及荣誉，但双方和谐可爱，一心为了艺术的发展。

尧头镇

名师导读▶

　　作者以"尧头镇"为标题，主要介绍了尧头窑的相关情况。文章开篇交代了尧头镇的方位，接着写尧头窑遗址的数量、分布情况、历史、生产的产品、窑神庙的来历等，最后写自己从一个非物质文化遗产的继承人那里买了一把茶壶、两只杯子，表达了作者对传统文化的怀念和对非物质文化遗产继承者的敬意。

❶ 引用朋友的话来说明渭河北岸的老窑之多，自然引出下文对尧头镇老窑遗址的介绍。

　　尧头镇在渭河北岸，处于陕西澄城的辖区。

　　早晨的阳光倾泻而下，朋友指着茫然的大地说：
① "遗址遍野啊！沟壑之中还有老窑 30 余座，分别属于元明清三朝及民国的。"

　　旋目四望，只见黄土深厚，梁横峁立，偶尔有一垅或一片绿色闪现在一个平面上，不知道是小麦还是蔬菜。凡斜坡，多是瓷片和炭渣所壅，那30余座老窑大约就散落在交错起伏的沟底壑间吧！

尧头镇以烧制陶瓷而立，它的中心在尧头村。这一带富含煤，更是富含高岭土，其具可塑性和耐火性，遂久有陶瓷作坊。是否汉就开始制陶了，难考，不过唐起烧瓷是可能的。^①尧头窑遗址位于尧头村以西，其文化层平均5米至6米，有几处瓷片的堆积高达20余米。资料显示，这里的黑瓷兴于宋，而黑瓷之盛则在元明清。民国也烧制黑瓷，唯以工业渐旺而骤然趋衰。

朋友带我进入一座几近完整的老窑，见炉壁椭圆，红锈斑斑。虽然宋时烈火清时焰已经熄灭，不过在我的想象中，它的温度仍在上升。我还随朋友浏览了一座残毁的老窑，元的，瓷片发白，随意陈列。

围绕着尧头窑聚族为村，随之又有了一家接一家的祠堂，并建成东岳庙、西岳庙、龙王庙、观音庙和华佗庙。^②烧制很难，黑瓷几乎是十窑九不成，遂要到窑神庙去虔诚地礼拜，以求保佑。窑神庙香火甚盛，过去如此，今天有作坊的人仍会礼拜！

尧头窑非官窑，其产品包括缸、盆、罐、瓶、碗、盏、托，无不紧系民生。我在一个作坊看到了正用双手盘杯的师傅，朋友说："他是尧头镇非物质文化遗产的继承人，他儿子也是一个继承人。"我买了一把茶壶，两只杯子，算是一个致敬吧！

❶ 运用列数字的说明方法，用具体的数字说明了文化层的厚度和几处瓷片堆积的高度，体现了文章语言的准确性。

❷ 解说窑神庙诞生的原因，增添了文章的趣味性。

延伸思考

1. 文章的说明对象是什么？表达了作者怎样的思想情感？

_____

_____

2. 赏析下列语句中加点词语的表达效果。

（1）凡斜坡，多是瓷片和炭渣所壅，那30余座老窑大约就散落在交错起伏的沟底壑间吧！

_____

_____

（2）朋友带我进入一座几近完整的老窑，见炉壁椭圆，红锈斑斑。

_____

_____

3. 联系上下文，分析文章最后一段第一句话的表达效果。

_____

_____

过　年

名师导读 ▶

　　文章围绕"过年"展开，按照时间顺序，主要写了从除夕到初五人们的活动。作者从视觉、听觉、嗅觉等多种角度来描绘不同日子的热闹、温馨场景，体现了过年的欢乐气氛，与此同时，作者穿插讲述过年中一些重要习俗的来历和演变，展现了作者对传统文化的探寻。文章最后写少陵原的老屋和祖地被铲平，并且直接表达自己的伤感之情。回忆的美好与现实的凄凉形成了鲜明的对比，引发读者对过年传统习俗与活动的追忆，情感上与作者产生共鸣。

　　年是什么？长安人没有谁会纠缠此问题。只知道过年是一种风俗，一种传统，一种春的庆祝，也许还是一种仪式，有神圣的意思，已经深入灵魂，谁能拒绝这样一种精神活动呢！

　　小孩图其热闹，早就问爷爷奶奶什么时候过年了？进入腊月，大人便一声紧一声地慨叹过年，并为

① 连续用了十二个动词来写人们为过年做准备，突出了人们年前的忙碌，体现了过年的热闹和西安人对过年的重视程度。

之准备。① 做新衣，买新帽，漫墙，擦门，拭窗，拆洗被褥，祭灶，买菜，杀猪，压面，剪窗花，贴楹联，气氛越来越浓。

除夕到了，天下一片融和与喜悦，各户的主妇都在为正月初一至初五的过年蒸馍并煮肉，蓝烟融天，香气飘空。鞭炮之声零星地响着，不过听起来像东西串联，南北呼应，为一场雷鸣海啸而酝酿。

往往是在下午，必有家长捧着祖灵的牌位或照片，携其子孙，到坟上去点香、烧纸，请祖灵回家一起过年。迎归祖灵，把牌位或照片置于堂屋方桌的正位，献上水果和糕点。一日三餐，先给祖灵献上，之后自己才吃。当然还要点香，敬烟敬酒。

除夕是真正的辞旧，守岁是真正的迎新，于是家庭成员就围坐一起，共度此刻的温馨。儿行万里路，女赶千里道，一定要参加这样的团聚。实际上是感谢神给了今年一个平安，并祈求神的保佑，再给来年一个平安。包饺子是除夕的插曲，但看电视却是过年的陋习和恶俗，甚至是守岁的搅局。不过生活是变化的，过年也允许变化吧。

燃放鞭炮的原始意义在驱鬼。一旦鬼遭驱，便能安宁，也就可以享受欢乐。日出而作，日落而息，依此秩序，多是正月初一的凌晨之后燃放鞭炮。唯物主义的流布，基本上粉碎了鬼的观念，然而燃放鞭炮的形式仍得以保留。社会开放以来，有了夜生活，也得意了，遂好在除夕晚上零点零秒的瞬间燃放鞭炮，不过其意义已经转化为追求热闹，心理释放。鞭炮之震，几近狂响。

② 采用顶真的手法，使句子结构整齐，语气连贯，环环相扣，突出了正月初一的重要性。

② 一年的第一个月为正月，正月的第一天为元旦，

足见正月初一的重要。家庭至贵，于是纯粹属于家庭成员之间的活动就安排在此日。小孩先给爷爷拜年，再给奶奶拜年，再给父亲拜年，再给母亲拜年，他也会一一得到相应的压岁钱，蹦蹦跳跳高兴而去。仅仅拜年一举，也折射了家庭的伦理：长者为尊，男性为尊。此日尤要大吃大喝，不过先敬祖灵，之后长者坐上席，幼者坐下席，主妇照例忙于烹饪。

到初二才有亲戚的往来，不过多是这个家庭嫁出去的姑娘回来看望父母，随之而至的是其子女，要给舅舅拜年的。晚一辈的是姑姑，长一辈的为姑奶奶。^①也许姑奶奶的父母已经逝世，不过姑奶奶仍会回来，她们终生都切念着自己成长的老屋。姑姑还年轻，然而也常念着，即使有一天她们也变成了姑奶奶，也仍要回来的。初二显然是家庭活动的扩大与延续，这也表现了家庭的价值。

❶ 说明老屋是人们情感的寄托，为文末少陵原的老屋、祖坟被铲平后，"我"伤感的心情做铺垫。

初三初四是众水交汇，既有亲戚的走动，也有同学、同僚、同志和朋友之间的相互拜年。城乡之间，阡陌纵横，身影如流，以持各种各样的礼品：包子、糕点、食用油、水果、牛奶、核桃、蜂蜜、茶叶、烟、酒、冬虫夏草、花篮、灯笼。唯过年能抛出花团锦簇，并给天下涂抹一层艳丽的颜色。

初五也还可以相互看望，不过此日算是过年的结束，习惯于以家庭为单元活动。一般是上午吃臊子面，下午吃米饭，菜有荤有素，满桌为盛。照例先要给祖灵献上，之后自己才可动筷。

用餐结束，家长会捧着祖灵的牌位或照片携其子孙，到祖坟上去点香烧纸，送归祖灵，并祷告在冥府的生活如愿。^②接着站起来，展一展棉袄，环视四野，

❷ 环境描写，写冰雪融化、红霞满天、小草萌芽等景色，营造了充满生机的氛围，烘托了人们对新一年充满希望的心情。

只见冰消雪融，天渲红霞，地有润泽，小草萌发，绿色近察其无，遥望其有，若隐若现的。家长忽然会严肃充脸，告诫子孙说："一年之计在于春啊！"

过年为大节，贯注着中国文化的精髓。可惜过年已经为城市化所裹挟，其不得不演变，有的文化元素生成了，有的文化元素消逝了。少陵原上是我曾经过年的地方，那里有哺育我思想与感情的祖居和祖坟，2011年它被完全夷平了，想起来我就伤感！

延伸思考

1.文章采用什么顺序介绍春节，主要讲述了哪几天的活动？

_____

_____

2.品读第三段，思考作者从哪些角度在描述除夕的场景，有何作用？

_____

_____

3.品读文章，体会作者的思想感情。

_____

_____

压岁钱

　　没有小孩子不喜欢"压岁钱"，不过对于大多数孩子而言，压岁钱或许仅仅代表着可以如愿地去买自己心仪的东西而已，这种喜悦停留在浅显的层面。对于作者而言，"压岁钱"的意义非凡，它不但使过年更有趣味，而且代表着父母对自己的教导和期望，代表着家长给的安全感、归属感和温馨感。作者还通过压岁钱明白了爱和劳动的重要性，体会到了长辈对自己深厚的爱……

　　过年的意趣只是小时候才有，小时候我在乡下。气氛是从除夕那天浓郁起来的，之前，母亲会掰着指头，一天一天算着，说："今天是腊月二十六了，二十七，二十八，二十九，三十，你看看，你看看，剩下几天就过年了。房子还没有扫，墙还没有漫，被子还没有拆洗。"甩手而去，一副忙迫的样子。除夕那天，她总是早早钻进厨房，做过年所需要的一切准备：蒸馍、煮肉、淘菜、捂豆芽、铡萝卜、包饺子。尽管事情很多，不过愉快之极，确实是要欢欢喜喜过年了。① 这时候，家长是宽容的，我知道，这时候向母亲要压岁钱非常合适，遂放下自己的要货，在四处飘散的馍香肉香之中走向母亲。

❶ "我"看到母亲为过年忙碌起来，知道这个时候是适合要压岁钱的，于是马上就去跟母亲要压岁钱，突出了作为小孩子的"我"对压岁钱的喜爱和期待心情。

但母亲却总是在除夕晚上发压岁钱，她的四个孩子，一人一份，绝对公正，免得谁扣她一顶偏心的帽子。小时候，我并不知道压岁钱的含义，甚至到现在，它确切的意思及其起源我仍不清楚，然而压岁钱的温馨一直在温暖着我。家长所给的，仅仅是几角人民币，多一点的，是几元。不过它们都是新的，没有一丝褶皱和一点儿油垢，是父亲从银行专门兑换的。家长把一点儿压岁钱交给我的时候，当然要借机教导一番，无非是怎么学习，怎么做人，当然还要叮咛，钱是不能乱花的。压岁钱是那么清新，拿在手上是硬的，稍稍一动便响，我怎么会乱花呢！我甚至不会把它装在衣袋里。我只能把它夹在课本中，是希望能保持它的干净与完美。② 有一次，我把压岁钱放在一个铁盒中，又把铁盒埋在门外的土堆里，我想这非常保险了。没有谁能够偷走它，沉默的地球完全会保守它的秘密。可我却把它忘了，因为我患了一场脑炎，四十度左右的高烧熔化了我的神智。我怎么也找不到压岁钱了！大约几个月之后，我的记忆蓦然开花，我遂光速似的跑到门外，从土堆里挖出我的压岁钱。压岁钱往往是零星的，但整整一个春天，我却能感到一种安全。我朦胧地觉得我活在习俗之中，活在习俗之中，就有归属之感。这是家长给的，家长通过小小的压岁钱，给了我一种安全，当然还有温馨。

❷ 讲述"我"小时候埋压岁钱的经历，既突出了"我"对压岁钱的珍重，又体现了童真童趣，说明压岁钱带给了"我"欢乐和幸福感。

有高尚之士呼吁家长不要给孩子压岁钱，或以书代之。这些高尚之士的理由，无非是有的家长给孩子的压岁钱太多，多得难以让孩子承受。能够成千上万给压岁钱的，当然只是个别的家长，如果由于个别的家长玩弄其阔绰，就要取消一个传统，那么起码是不慎重的。因为传统是大家的传统，不是个别家长及他的孩子的传统。关键是，书和压岁钱是不同的，书固然充满了教育意义，但压岁钱却有别的教育意义。而且，①三百六十五天，唯有一次压岁钱可以给孩子，其意义显然是特殊的，典型的。只要给的适宜，家长完全能够通过压岁钱使孩子得到这样的启示：爱和劳动的重要。任何钱都是好的，压岁钱当然也是好的。大约只有非劳动所得的钱，不意味爱的钱，才可能存在问题。不要给孩子压岁钱之论，可以休矣。

忽然想到二舅曾经给我的压岁钱，这当然是小时候的事情。我随家长看望我的外祖父外祖母。那天，我一个人在院子逗着两只兔子，二舅从门外回来了。②二舅是极老实的农民，生活的艰辛和苍凉，明显地烙印在他身上。他戴着一顶破旧的军帽，棉袄短小，也没有罩衫。正月的阳光洒在他身上，不过我仍感到他微微的寒战。然而二舅对我是亲切的，他笑着问我的考试，问我的作业，之后，神秘地点点头，把我约到一个墙角。在那里，他把手塞进贴胸的口袋里，摸索着，摸索着，终于掏出二角钱给我。我觉得二舅可怜，真的不想要，但我却害怕伤了他的心，便接住了。那二角人民币，已经磨得发薄发软，像一块拆洗过多次的补丁。然而它是热的，带着二舅的体温，还粘着一片麦壳。拿着二舅给的压岁钱，我一阵辛酸，几乎要流出泪水，遂低着头走了。

❶ "唯"是唯一的意思，这里写一年365天只能得到一次压岁钱，通过数字的对比，突出了压岁钱的特殊意义和重要性。

❷ "烙印"本义是在牲畜、器物上烫的火印，以此作为标记，多形容很难磨灭的痕迹。这里写生活的艰辛和苍凉在二舅身上留下了难以磨灭的痕迹，突出了二舅生活的艰难、贫困和辛酸，反衬出下文二舅给"我"压岁钱时对"我"深深的爱。

延伸思考

1. 品读文章，思考压岁钱有什么特殊的意义？请分条概括。

_____

_____

2. "有高尚之士呼吁家长不要给孩子压岁钱，或以书代之。"这句话采用了什么手法，有何作用？

_____

_____

3. 品味画横线词语，谈谈其有何深意。

那二角人民币，已经磨得发薄发软，像一块拆洗过多次的补丁。然而它是热的，带着二舅的体温，还粘着一片麦壳。

_____

_____

中秋节

名师导读

　　中秋节作为中华民族的传统佳节，是代表着团圆的节日。作者以"中秋节"为题，采用回忆的方式写了小时候祖父作礼祭月、母亲烙月饼、母亲给父亲留下团圆馍、母亲用月饼上供等事件，体现了对儿时与亲人们在一起过中秋节的怀念之情。不仅如此，作者联系古今，写了中秋节赏月、赏桂和猜字谜、古人赏月作诗词等相关的传说、故事，丰富了文章的内容，揭示了赏月是生活的艺术化，呼吁人们抛开生活的喧嚣，静下心来赏月，感受传统节日的艺术气息。

　　① 中国人早就注意到月到中秋有超乎平常之明，并产生心灵的感应。周人会在中秋举行仪式，以祭月迎寒。至魏晋以后，中国人兴赏月，唐人更是流行。也是从唐开始，中国人有了中秋节，千年既久，到现在已经成了传统和习惯。祭月演化为赏月，应该是一种升华，标志人从对月之崇拜发展到对月之审美了，

❶ 开篇交代祭月、赏月的情况，起到了总领全文、引出下文的作用。

然而祭月并非消失。也许赏月是祭月的置换变形吧！

祖父所主导的一次中秋节，给我留下了深刻的印象。那时候我还没有上学，大约五六岁，六七岁吧。

有一天晚上，雨过云开，有月忽出，自行于天。祖父净手整衣，搬出一个宽且矮的条桌，放在檐下庭中，并用瓷盘一一陈以石榴、柿子、月饼，还有什么忘了。院子种合欢花树、桐树、德国槐树，枝繁叶茂，互相交错，荫庇甚大，遂只有庭中檐下干爽，月光透明。我以为此乃祭月，也是我家的一次中秋节。

1973 年我的祖父西归，不知道在他生前数年，为什么再未祭月，虽然每年都过中秋节？ ① 于是那次祭月，就是我所亲历的祖父作礼的唯一一次祭月了，虽然简陋，但它所传递的信息却自古而来，印象是不可磨灭的。

长安风俗，农历八月十五，三秋之半，中秋节这一天，往往是下午，靠近黄昏，每户必烙月饼。这是主妇的事，在我家当然是我母亲的事。

烙月饼要用雪蒿，是生长于土坎上或田垄上的一种野菜。掘雪蒿往往是我的活，② 母亲吩咐一声我便出门，出巷，出村，在头枕或二枕的地界采一把跑回去交给母亲。有时候中秋节会下小雨，天地迷茫，不过遇雨我也决不推辞，要把雪蒿采到，因为我长大了。

为了使月饼好吃，母亲要给面里放芝麻，捣碎核桃仁以作馅。也会以红砂糖或白砂糖作馅，这种月饼是甜的，我等小孩特别喜欢食之。月饼有一个大的，直径大约一尺半，有几十个小的，直径大约一寸半。大月饼和小月饼都贴雪蒿，一是装饰，二是提味。雪蒿一经锅炕，叶茎便绿淡黄渲，脆感毕现。

③ 月饼在长安谓之团圆馍，因为中秋节也就是团圆

① 虽然"我"只见过祖父唯一一次祭月，但是印象非常深刻，说明"我"被这种传统仪式深深吸引，与此同时，读者阅读这里又会发出"为什么祖父只做过一次祭月"的疑问，因此这里又起到了设置悬念的效果。

② 写"我"帮助母亲采摘雪蒿来做月饼和"我"乐在其中的心理，体现了"我"对月饼的喜爱之情。

③ 解释月饼叫团圆馍，中秋节是团圆节，揭示了文章的主题。

节。中国人追求团圆，并以月之满象征人之团圆。八月十五夜，一边赏月，一边吃团圆馍，其乐融融。然而以种种缘故，中秋节这一天，也许会有人在外羁旅，不能返乡而聚。不要紧，当给在外之人留下大团圆馍的一角，并留下几个小团圆馍，等其回家吃。家有几人，便切大团圆馍为几角，一人一份，不过当在中秋节以后食之。小团圆馍多少随便，八月十五夜所吃的也是它。有一年我父亲在西府的扶风县做工人宣传队的事，数月不归，属于他的那一份大团圆馍夹在几个小团圆馍之中，就一直挂在厢房，也就是父母卧室的墙上。怕我偷吃，其高悬于壁。给父亲留下团圆馍的是我母亲。当时我尚幼，根本不能理解母亲的心，现在我已经白丝闪鬓，沧桑繁历，然而仍不敢自以为能理解母亲的心，或完全能理解。

母亲烙月饼，也并非纷然分发，好吃便可以肆意吃。她也会拾月饼于一个簸箕里，并置之于方桌上或条桌上，要供一会儿，才把小月饼拿给我的祖父祖母和她的孩子。大月饼继续供着，到次日才收起来切成角。也许如此供一会儿，也具祭月的意思吧，然而总之是敷衍塞责了。也不怪我母亲，她所在的时代是破除迷信的时代，宣传毛泽东思想的时代。祖父是清人，母亲是民国人，我是共和国人，三朝巨变，在中秋节的规矩上，母亲不胜祖父，我不胜母亲，我的儿女更不胜吾。文化之变迁，文化在中秋节之衰，观之显矣！今之人，只剩下送月饼和吃月饼了，悲夫！

在唐长安，赏月显然是一种盛举，充满了雅意。[1] 道士有传，唐玄宗曾经由天师引领进广寒宫，见宫娥，闻仙乐，流连忘返，并获得灵感，制《霓裳羽衣曲》。也许此为神话，不过唐玄宗携杨贵妃赏月无假。为延长

[1] 讲述唐玄宗进广寒宫，见宫娥，闻仙乐而作霓裳羽衣曲的神话传说，为长安人的赏月行为增添了浪漫色彩。

赏月时间，唐玄宗尝令工匠在太液池西岸筑赏月台。所选地址甚准，可惜安史之乱爆发，赏月台只建了半截。皇帝喜欢赏月，诗人也就喜欢，他们所去之地，往往是曲江池之岸，杏园之边。三五成群，彼此激发，遂多咏月之篇。有一年过中秋节，唐僖宗吃月饼，喜其油酥，十分之香。恰闻有进士在曲江开宴，便下诏御膳房包以红绫，送月饼给进士。月饼初入史书，大约便由于此事。

中秋节除赏月之外，也赏桂。^①目遇之，月光明，鼻嗅之，桂花芳，又有耳闻之，丝竹幽，真是何等趣味。当然还有故事，凡古贤者所创作的嫦娥奔月、蟾蜍变玉兔，或吴刚伐桂，甚至朱元璋以月饼递送起义情报，都会在中秋节讲一讲。长者对晚辈总是说："从前，有一个故事，讲的是……"明清以来赏月，也会猜涉月谜语，遂给中秋节增加了一种新的文化元素。长安一片月，打一小说人物，经猜是秦明，不是很有意思吗？

^②1076 年，苏东坡的中秋节是在密州一个超然台上过的。有朋友陪伴，自夜至天亮豪饮，大醉。七年不见其弟，由衷怀念。缘于此，苏子作词曰："明月几时有，把酒问青天。不知天上宫阙，今夕是何年？我欲乘风归去，惟恐琼楼玉宇，高处不胜寒。起舞弄清影，何似在人间！转朱阁，低绮户，照无眠。不应有恨，何事长向别时圆？人有悲欢离合，月有阴晴圆缺，此事古难全。但愿人长久，千里共婵娟。"中国咏月之文章数不胜数，苏子中秋节之词空前绝后了。

没有理想的生活，就不会在生活中审美，也不会使生活艺术化。中秋节对月之审美，显然是古人生活艺术化的一个表现，遗憾今人的中秋节，重以物质，轻以精神，或是生活粗鄙化，甚至退化了吧！

❶ 从视觉、嗅觉和听觉来感知中秋节赏月赏桂的情趣，营造了风雅的气氛，烘托了"我"的喜悦心情。

❷ 讲述苏东坡创作《水调歌头·明月几时有》的故事，生动形象地说明赏月能够触动人的情感，引发人的审美，激发人的艺术创作灵感。

延伸思考

1. 文中回忆了小时候，"我"家中关于中秋的的哪几件事？

_____

_____

2. 面对母亲给父亲留团圆馍，甚至悬挂在墙壁上避免小孩子偷吃的行为，作者说"当时我尚幼，根本不能理解母亲的心，现在我已经白丝闪鬓，沧桑繁历，然而仍不敢自以为能理解母亲的心，或完全能理解"。你是如何理解母亲这一行为的？简单谈谈。

_____

_____

3. 文中写了哪些古人赏月所引发的传说或者故事？请分条概括。

_____

_____

戏　迷

名师导读

　　所谓"戏迷"，指的是喜欢看戏或者爱唱戏并且入迷的人。文章的标题虽为"戏迷"，开篇却讲述了秦腔是西安文化的品牌和西安艺术的精华，接着写秦腔对中国戏曲发展的重要影响，然后写秦腔由盛转衰，以难以阻挡之势慢慢消亡的现象，最后才写秦腔戏迷如同茶的余香一样用自己的行动去守护秦腔艺术，使得曾经的艺术精华得以保留并延续下来，表达了作者对戏迷们坚守传统戏曲精神的敬佩之情。

　　西安地方戏有秦腔和眉户二种，以秦腔为重。慈禧在西安那年，西安府官员总是上贡这个女人所好的秦腔段子以讨其高兴。鲁迅的西安之行，考察要点，除了大学教育之外，便是易俗社，而易俗社则是西安权威的秦腔剧团。到了1949年，共产党执政，西安人携什么到中南海去献礼呢？想来想去，秦腔。秦腔显然是西安文化的品牌，甚至是西安艺术的精华了。

秦腔这个地方戏是古老的，它曾经影响了周边的晋剧和豫剧，也影响了谓之国粹的京剧。然而这并不足以使之长盛，该走的还得走，到了走的时候不走也不行。事实是，秦腔像汉赋与唐诗一样，凡是在历史上出现并辉煌过的，它都将在历史上黯淡以至消亡。在西安，秦腔便处于年年败落和月月败落的走向之中，似乎谁也拦挡不住。然而船破了板在，锅打了铁在。我的意思是，虽然秦腔已经呈衰势，但它却并没有死，没有死就标志着它还有余绪，还有余香。

在秦腔的热火岁月，西安的秦腔剧团有三十六家，全是官方的。当时的秦腔既在剧院演，又在工厂和街道演，锣鼓一响，戏迷便汹涌而来。然而仅仅二十年、十年、甚至五年、三年、一年，三十六家剧团便所剩无几，甚至能够开张的只有一家易俗社，也是偶尔开张。实际上易俗社只不过是一种象征，因为一年之中，它的开张寥寥一次两次，而且皆是招待任务型或政府资助型的。戏迷是由唱者和听者构成的，不过听者是受众，没有听者，唱者便失去了意义。问题就出在这里：由于秦腔的受众一代一代流失，以致像易俗社这样的剧团已经售票艰难，而售票不足则不能生存，所以易俗社的红门便常常紧锁着，因为豪华的大厅只坐一排白头是尴尬的局面。

①然而唱者和听者一旦入迷，这些人便离不开戏，恰恰是这些人化为秦腔的余绪和余香了。他们延续着秦腔艺术并幻想着有朝一日使这种艺术起死回生。实际上这是不可能的，因为受众的审美需要和审美趣味已经改变，所以迷于秦腔只不过是他们的一种习惯而已。

②方圆馨二十岁成为旦角，一直希望自己唱红唱

❶ 把对秦腔入迷的唱者和听者比作秦腔的余绪和余香，生动形象地写出了这些戏迷对于秦腔延续下去的重要作用。

❷ 方圆馨想象中掌声雷动的场景和现实中的萧条景象形成了鲜明的对比，突出了戏迷想要继续维持和发展秦腔的艰难，为下文茶苑逐渐变了味的情况做铺垫。

紫，希望受众对她的所唱所念所做所舞能以掌声和喊声作出反应。遗憾的是，她在台上发现台下的人越来越少，越来越老，喊声是没有的，而掌声则又弱又稀，真是让她沮丧。剧团解散以后，有的演员选择经商，但她却还要唱戏，遂办了一个秦腔茶苑。丈夫知道这未必行，劝她改行当老师，或搞财务，说："唱戏不能当饭吃！"她说："活着不是光为了吃饭！"她借钱租了房，购了音响，并招徕飘零各处的演员和乐手，锣一敲，鼓一打，鞭炮一放，听者竟来了。这些听者，多是退休的人，不过偶尔也有年轻人，甚至还常常出现生意人。方圆馨俨然一个老板，她免费提供水，提供啤酒，还提供瓜子和果脯。听者怎么会一直免费在茶苑享用呢？当然不会！演员是会一个接一个唱下去的，听者觉得谁唱得好，便会举起指头。这是搭红的暗号。①所谓搭红，是把已经预备的红绸搭在一个栏杆上，一个指头代表一条红绸，一条红绸代表十元人民币。听者一般会举起两三个指头，不过偶尔会有听者举起二三十个指头，这其中必有文章。搭红由茶苑侍应生做，其训练有素，一招一式都循着章法。演员的收入不等，不过皆以五折留给茶苑，而乐手则领取工资。方圆馨也唱戏，但她追求的却是喝彩。喝彩是有的，然而一个茶苑的喝彩会怎样呢？安慰而已！尽管她不在乎搭红，不过在她唱戏的时候，指头出现的频率还很高，这也是一种认可吧！

西安的秦腔茶苑发展颇快，资料显示，有近百家，主要集中在文艺路一带、木头市一带和端履门一带。老板多是过去的秦腔剧团的演员和乐手，因为这些人都是内行。现在茶苑的女性演员越来越多，也越来越俏，

① 解释说明"搭红"的意思，便于读者理解文章内容。

她们往往从西安周边各县而来。① 有消息认为，在茶苑出现的生意人，会以搭红的渠道结识这些女性，并会邀请她们作陪。举起二三十个指头的，便是此类人。这显然是需要继续观察的。

我十分推崇的是西安的秦腔自乐班。这种自乐班往往是如斯形成的：黄昏之际，有一个戏迷，属于乐手，已经很焦虑，很郁闷，或是很轻松，很快活，遂拿着他的板胡到一个偏静的地方去独奏。丝弦一响，便又有一个戏迷过来，属于演员，说："那我唱一个段子吧！"乐手说："好！你唱我奏！"于是演员就唱周仁哭妻，或唱滴血断案，或唱白素贞怨老和尚，或唱秦香莲责陈世美，它们都是西安人耳熟能详的传统剧目。这一唱一奏便辟了场，并把一些赶路的散步的吸引过来。能中断自己的事情而为秦腔所吸引的，当然都是戏迷。唱者声情并茂，痛快淋漓，听者心脑并用，身在物外。几个段子下来，夜风吹拂，疏星闪耀，应该回家了，然而听者依依难舍，② 问："明天还来么？"演员与乐手会意，说："还来！"从而一一相传，便产生了一个自乐班。③ 乐器凡板胡、二胡、梆子、锣、鼓，他们都有，当然都自备，而且自备水，自备凳，自报幕，自喝彩。特别重要的是，这些人谁想唱谁便出来唱，不唱了便坐下听，反正大家都是戏迷。

我不知道西安的秦腔自乐班到底有多少，因为它不是社会团体，不用民政局审批，遂无记录。我只知道几乎所有的社区都有，社区之外，著名的在南门、柏树林、下马陵、竹笆市、小雁塔、西后地。它不像秦腔剧团是有组织的，也不像秦腔茶苑是要盈利的。秦腔自乐班完全是一个自主自愿的处于自然状态的审

① 解释说明所谓的"搭红"已经变了味道，生意人并不是因为姑娘们的秦腔唱得好才打赏，而是冲着姑娘们的美貌而来的，目的只是在于结识这些姑娘，说明秦腔靠茶苑传承下去是不现实的。

② 对话描写说明自乐班的演唱者和听众才是真正的秦腔爱好者，他们只是单纯地喜欢和迷恋秦腔，这才是名副其实的戏迷。

③ 连用五个"自"说明他们是自费演唱，只为兴趣而不是为了盈利才来表演的。

美联合体，西安的少者难免会出于好奇过去探头探脑见闻一下，然而发现是秦腔，便会背身而去。不过戏迷依然在！

延伸思考

1.作者为什么说"我十分推崇的是西安的秦腔自乐班"？谈谈你的理解。

_____

_____

2.文章开篇列举了西安府官员用秦腔向慈禧上贡、鲁迅考察秦腔剧团、西安人携秦腔到中南海献礼三个事例，有何作用？

_____

_____

3.谈谈你对标题"戏迷"的理解。

_____

_____

长安荠菜

名师导读▶

荠菜是一种在田野、路边、院子等地方常见的野菜。荠菜的嫩叶可以食用，味道鲜美，吃法多种多样，而且有很高的营养价值，荠菜还可入药，因此具有较高的药用价值……在作者的家乡杜陵也生长着荠菜，作者小时候经常去挖荠菜。荠菜帮助穷困的人们度过了艰难的日子，因此对于作者而言，荠菜不仅是一种可以食用的野菜，也包含着他对故乡的回忆，是情感的寄托。

黄昏出了门，在街上溜达，碰到一个老者，大约六七十岁，自称杜陵叟，遂有亲近之感。杜陵叟穿一件手织灰毛衣，坐在一家银行的台阶上卖荠菜。他解开塑料袋，随便抓了一把，向路人展示着。那荠菜一经水淘，确实鲜嫩而苍翠，杜陵叟说："我家田里的，是绿色食品！"有富态的太太和时髦的少妇便笑着挑选，生意一下做成了。杜陵叟收起塑料袋，一边数着钱，

❶ "风雅的野味"是指人们吃腻了城里的山珍海味，吃荠菜是为了换换口味或者追求所谓的绿色食品的行为，这里写"我"小时候在乡下挖荠菜是需要野菜饱腹，是无奈之举。

❷ 运用排比的方法，生动形象地说明了挖荠菜的趣味，也为下文"遗憾不感觉芥菜之香"做铺垫。

一边款款而去。我想勾留他，打听故乡的消息，不过又想他也许还有别的营生，便望着他的背影，怅然而行。

　　①<u>我小时候在乡下也挖过荠菜，可它却绝不是风雅的野味。</u>荠菜仅仅是作为粮食的补充，因为那是一个饥馑的时代，然而饥馑在当年造成怎样的恐慌，我一点儿也未感觉，这一是有父母顶着灾祸之天，二是我充满了元气，不觉得什么可怕。小麦返青之后，我会伴随大人，提着篮子，攥着铲子，沿着尘埃阡陌，走进辽阔的原野。②<u>挖荠菜固然是一件事情，不过原野自有它的诱惑，小花的闪烁，我也抵抗不住；小兔的慌逃，我也抵抗不住；甚至大人之间若断若续的隐晦的话，我也抵抗不住。</u>从而挖荠菜的成绩总是很小，就那么几朵，还盖不严篮子底，遂惭愧着追尾大人而归。

　　荠菜有数种食法，常见的是随面条煮在锅里，也有炒的和凉拌的。这几年都市有一种以荠菜为馅的饺子，似乎含返璞归真之意，还表示一种生活品质的提升吧，但我却主要取其素，遗憾不感觉荠菜之香。我思来想去找原因，把其归结为化肥所致，而偶尔冒出的蹭牙的泥沙，则不但使心紧缩，而且也让人忧虑这个时代的马虎风气。

　　我原以为荠菜只是黄土高原的产物，非也。读了一些笔记之后，才知道荠菜在很多地方都是有的，这一面降低了它一向所显示的稀罕程度，一面又使我对它增加了敬意。吴地谚曰："三春戴荠花，桃李羞繁花。"越地歌曰："荠菜马兰头，姊姊嫁在后门头。"这是我从一本陈旧的杂志上抄录的，它扩大了我对荠菜生长版图的认识，也多少引出了荠菜的文化意义。

　　实际上古人早就注意荠菜了，可惜我只知道一句诗，其云："谁谓荼苦，其甘如荠。"慢慢吟咏它，是能觉察古人的心情的，而且会有一种浩茫和凄楚之感漫向我。我领略的，竟是苦涩和苦难。在 20 世纪，有两个作家曾经以荠菜为材写了隽永的文章，这便是知堂先生和张洁女士。知堂素求冲淡与平和，不过他流露的也有苦涩，至于张洁，她本是讨论幸福的，可她却倾诉了苦难。也许荠菜确实有甜味，然而唯有穷人才能尝出它，富人究竟谁能尝出荠菜的甜味呢？知堂先生和张洁女士的文章，都曾进入了教科书，不过在艺术上，似乎知堂之文要高于张洁之文，理由是，知堂之文比张洁之文有蕴蓄，也疏朗一点儿。

荠菜开白花，结黄果，皆可药用，有凉血止血的功能。[1] 我故乡一个医生，是治疗肾炎的妙手，其秘诀在于用了荠菜，因为它有消除水肿的作用，可缓解肾炎的症状。长安女性张氏，遵医生之嘱，十年如一日，煮荠菜汤让其丈夫服，真使之恢复了健康。此案先是新闻，后又成了故事。

[1] 写故乡的医生用荠菜为病人治疗肾炎，长安张氏女子用荠菜汤滋养丈夫，使丈夫恢复健康的事件，生动形象地说明了荠菜具有药用价值。

延伸思考

1. 荠菜具有哪些特点？

_____

_____

2."这几年都市有一种以荠菜为馅的饺子，似乎含返璞归真之意，还表示一种生活品质的提升吧，但我却主要取其素，遗憾不感觉荠菜之香。"作者为什么"不感觉荠菜之香"？

_____

_____

3."读了一些笔记之后，才知道荠菜在很多地方都是有的，这一面降低了它一向所显示的稀罕程度，一面又使我对它增加了敬意。"作者为什么对荠菜增加了敬意？

_____

_____

★参考答案★

第一辑 向 往

【辋川尚静】

1.①（根据第③段）沉寂虚空得让人恐惧；②（根据④⑤段）古老沧桑中透着生命的顽强；③（根据第⑥段）明净而蒙蒙的雨似真似梦；④（根据第⑧⑨段）这里万物在自然中演绎着生命的大美；⑤（根据最后一段）历史与自然变迁背后存有的一份坚守；⑥（综合文中的关于王维的部分，主要根据第⑦段）王维寄情于此带给辋川的山水田园气质。

解析：本题考查对文本内容的理解和概括能力。应先到文中找到与之相关的信息，然后进行概括。第③段"辋川一下子归于沉寂，孤独的我，望着在河床里滚动的白水，竟觉得恐惧，这恐惧没有对象，只是这里的空，这里的无声无息"，第④段"然而我由此也知道了生命的顽强"，第⑤段"竟然穿过层层的岁月而保留下来，而且完整地放在银杏旁边。那些湿漉漉水汪汪的苔藓，锈住了它的每条皱纹和每个斑痕"，第⑥段"蒙蒙的雨送给它们一层薄薄的梦"等等。

2.（1）"最智慧最实际"是指既避免了朝廷险恶带来的伤害，又在美妙的辋川得到心灵的慰藉。

（2）"无可奈何"是指王维既不想完全入世，又不想完全出世，亦官亦隐是王维在痛苦中的无奈选择。

解析：本题考查学生对文本中一些重点词语的理解的能力。首先应到文中找到"最智慧最实际"和"无可奈何",然后结合其前后的语境理解其含义。答题的区域主要在第⑦段,"他既做官员,又当隐士……却给他的心以慰藉",这是"最智慧最实际";"以王维的气质,他不能完全陷入官场的名利之争……他必须两者兼顾",这里体现了他的无奈。

3. 这句话的含义是:作为王维曾在辋川生活的主要标志的银杏树,终有走到生命尽头的时候,而辋川作为自然的山川和文化的载体(人文的标志)会永远留存下来。

解析:本题考查学生理解句子含义的能力。理解句子的方法如下:关键词分析法、语境分析法、结构分析法、句子特色分析法。这句话中的关键词有"它""倒下""留下""辋川";回归文本可以知道,"它"指的是银杏树;"倒下",走到生命尽头;"辋川"指的是作为自然的山川和文化的载体。最后再将重点词语的意思联缀成句即可。

4. 行文中善于寓情于景,如文章两次写到王维栽种的银杏树,虽历经千年,仍然挺立,虽满身裂纹,却生机葱茏。借对最古老、最高贵的银杏的描写,明净似线,无声无息,红叶碧草,青石杂树、如梦似幻;对雨中辋川的描写,秀峰沉默,乱石相依,衰柳飘荡,黄叶旋飞,流水激溅,浅草明灭等等,表现了对王维曾置身的诗境的向往之情。

解析:本题考查学生分析表达技巧的能力。首先应先到文中找出写景和抒情的内容,然后再分析结合的方式。第④段"王维栽种的银杏,挺立在雨后的河岸,树皮满是裂纹的粗壮的主干……",第10段"雨中的银杏是那样独具风采,它的圆润的树叶像打了发蜡似的明滑",这些都属于写景;而在写景的过程中又融入了作者的感情,这是融情于景或者寓情于景。答题的时候要结合文本的内容进行分析,不能光列举术语。

【舒放的日子】

1. "舒放的日子"是指童年时期自由自在的农村生活。

2.（1）"慷慨"是大方的意思，这里采用拟人的方式来写黄土地为农民提供了庄稼生存的土壤、逝者安息的归宿、野草生长的条件等，突出了黄土地的重要性和作者对故土的热爱与感恩之情。

（2）"凝重"是厚重、沉重的意思，这里写同学们变得有点沉重，表明大家已经失去了那种无忧无虑的童年时光，不得不面对成长，面对规矩，从侧面体现了作者对童年时光的不舍。

3. 开篇采用衬托的方式，用"大学的喜悦"来衬托"五岁到十二岁"日子的更美、更快乐，突出了作者对这段时光的喜爱和怀念之情，为文章奠定了感情基调。

【生活的快与慢】

1. 这句话运用比喻的修辞手法，将快生活比作旋涡，生动形象地展现了快生活让人混混沌沌，体现了作者对快生活的厌烦。

2. 作者列举了古今中外众多领域的物质和精神遗产，丰富的论据有力地支撑了"慢生活不但把人安全地送到了今天，它还贡献了丰厚的遗产"这一观点，体现了作者对"慢生活"的认可和呼吁大家让生活节奏慢一点的心声。

3. 作者提出向苏轼学习、收藏古玩、阅览古迹等方法让自己慢下来。除此之外，还可以通过种种花草、养养动物、爬爬山等方式让自己享受生活之慢的舒畅。

【独 行】

1. 第三段第一句话为过渡句，有着承上启下的作用，既承接前文的喜欢外出，引出下文的独行，同时也起到了点题的效果。

2. 不矛盾。作者运用反衬的手法，写自己独行塞上萧关遇到被狗围攻的事件，生动形象地展现了独行的危险，更能反衬出作者对独行的喜爱。

【一臂之力】

1. 运用比喻的修辞手法，将这件事的影响比作滴水穿石，说明这件事对"我"的影响是绵延不断的，为"我"后面与童先生反其道而行，坚持去做善事的内容做铺垫。

2. "一臂之力"是指小小的善行，"慷慨"是希望人们不要吝惜自己的"一臂之力"，即积极主动去帮助别人，"伟大"是爱心得到传递后，人与人之间的关系会更融洽，社会也将更加和谐。这句话在文章起到了结尾点题，总结全文、升华主旨的作用。

【共生树】

1. "欣欣然""勃勃然"写出了左边这棵树枝繁叶茂、生机盎然的样子，"休眠""蔫状""瘦状""槁状"等词则写出了右边这棵树枯槁、失去生机的样子，两者形成了鲜明的对比，生动形象地展现了两棵树一枯一荣的样子。

2. 这是化用南北朝时庾信的《枯树赋》中的诗句"树犹如此，人何以堪"，借物喻人，表达了作者希望人们能够相互帮助，团结合作的愿望，升华了文章主旨，引人深思。

【大德之旅】

1. "大德之旅"指的是为了坚守心中的正义，为了去帮助需要帮助的人而敢于反潮流、破成见的行为。

2. 这里特别强调女孩喜欢"我"的书，既解释了老乡找"我"去劝说他女儿的原因，又为下文"我"能理解女孩的行为做铺垫。

3. 示例：读了文章，我的感受颇深，尤其是文中的"我"不顾他人异样的眼光用勇敢的行为鼓舞可君的事令我非常触动。生活中的我们也应该鼓起勇气，抛开周围人异样的眼光活出真正的自我，同时去帮助需要帮助的人。

【生命链】

1. 作者先采用形象的比喻句解说何为"生命链"；紧接着提出"任何一个个体，都应该热爱和保护它的环节，以防生命链在它的那里终结"的观点；然后从自然灾害、人类社会中的集体或组织会对生命链构成威胁，说明个体保守自己在生命链上环节的艰难；之后说个人有义务去保护生命链；最后总结全文，重申主旨。全文思路清晰，论述有力，起到了告诫人们去珍爱个体生命，并且维护人类生命链的作用。

2. 读了第三自然段，我明白了不伤害自己的身体既是对父母负责，对生命链负责，也是对自己负责，人应该好好爱护自己，同时也要明白自己具有繁衍生息的责任，将来长大后要肩负这一伟大责任，同时为人类生命的延续做贡献。

第二辑 大地上的风景

【门 神】

1.C

解析： "门神之像自汉代起往往被绘在桃木上"，"因为汉代的人认为桃树为五木之精，能够除灾辟邪制鬼驱怪"错误，第①段在介绍门神的起源时说，黄帝"让画师在桃板上绘神荼和郁垒二神像"，第②段中说的是"传统的观点认为，桃树为五木之精，能克百病。大约从汉代以后，桃木便广做镇鬼之具"。故选C。

2.D

解析： 原文说的是"西安及其周边的地区……尉迟敬德"。故选D。

3.B

解析： "于是晚上常常梦到他兄弟化为鬼在门外高呼报仇"错，文中说的是李世民"似乎得罪了泾河龙王，其死而为鬼，夜至太极宫唐太宗的寝宫门外呼骂不已"。故选B。

【黄 土】

1.（1）"包围"一词用得极妙，生动形象地写出了西安周围都是黄土的情况，突出了黄土地的广阔，有点题和总领全文的作用。

（2）"凡""尽"都是全都的意思，这里表示强调，突出了黄土对西安建筑的重要性，表达了作者对黄土的赞美之情。

2.作者写上古神话传说故事，既增添了文章的神话色彩和趣味性，又突出了中国黄土悠久的历史。

【喜欢小麦】

1.（1）"撤离"采用了拟人的方式，使小麦人格化，富有灵性，写小麦撤离了，实际上是被人们驱逐，使之远离西安，表达了作者内心的无奈和遗憾之情。

（2）"聊胜于无"的意思是有总比没有强，作者先从科学的角度来分析秦岭北麓的土壤并不适合种小麦，接着又指出有总比没有强，表达了作者对小麦遭遇的痛心和不能改变现状的无奈心情。

2.①金黄色；②适合种植在膏腴的黄土壤中；③可以用来制作馒头、锅盔、面条等各种面食；④种植历史悠久。

【黄河摆过去了】

1.（1）"臆测"是凭想象进行揣测，表现了作者到洽川后见到的景色不是想象中那样荒凉、凋敝时，其内心的惊喜和意外。

（2）采用通感的手法，写看到阳光时仿佛听到了金属似的音响，突出了环境的优美宁静，体现了"我"的愉悦心情。

2.采用了插叙的手法，讲述姬昌迎娶太姒的传说，增添了文章的神话色彩和趣味性，同时也突出了黄河文化的悠久历史。

3.表明含义是指大约三十年黄河会改变流向，让原来的河床变成湿地，再过约三十年再摆回来，让湿地变成河床，如此反复的自然现象；深层含义是这种自然现象为黄河人们带来了丰富的湿地资源，创造了悠久的黄河文明。

【风凌石】

1."化境"本为道家的一种境界，后多指某个事物能够给人以丰富的想象，具有超高的艺术水平。这里用来形容风凌石，突出了"我"对风凌石的喜爱之情。

2.风，象征着持续不断的磨难；小石承受风的刮磨，象征着坚韧不拔的精神。这两句话采用象征的手法，揭示了人在困难和磨难面前，只有具有坚强的精神，做到持之以恒，才能成就自己的辉煌；同时起到了升华主旨的作用。

【油菜花】

1."悄然匿迹"是悄悄地消失的意思，"所剩寥寥"是所剩的数量稀少。这里写树下的茶摊悄悄地消失了，斜檐灰瓦的民房的数量也越来越少了，体现了自己对小时候古朴街道和民宅的怀念之情。

2.采用环境描写，营造了静谧美好的氛围，烘托了"我"欣赏油菜花时的愉快心情。

【樊川犹美】

1.运用比喻的修辞手法，将少陵原和神禾原比作两匹黄色的骏马，突出了其颜色和形状特点，写出了其追随秦岭奔跑的画面，突出了少陵原和神禾原沿着秦岭分布的壮观景象。

2.示例："在幽静的绿叶之中，显得十分嚣张的一种当然是桐树，它全然是大朵的紫色桐花"这句话中的"嚣张"用得非常巧妙。"嚣张"是放肆傲慢的意思，这里是贬义褒用，生动形象地写出了桐花繁盛的景象，体现了作者欣赏桐花时的愉悦心情。

3.作者在文章前后两次引用相同的诗句，前后呼应，使文章结构完整，同时增加文章的艺术性。两次引用所表达的情感不同：开篇的引用，说明樊川从古至今就盛产白鹤和锦鸡，突出了其自然之美，表达了作者对樊川的喜爱和赞美之情；后面的引用，利用其所描绘的白鹤、锦鸡飞舞的场景与现在樊川恶化的生态环境形成鲜明的对比，体现了作者内心的悲哀和呼吁人们保护樊川生态的情感。

【白鹿原】

1. 作者在文章开篇写到周平王迁都的历史，是为了交代了"白鹿原"名字的由来，使富有传奇色彩，同时增强了文章的趣味性，以激发读者的阅读兴趣。

2. 运用列数字的方法，用 25 千米、6~9 千米、600~780 米等数字准确、具体地说明了白鹿原的长、宽、高，体现了文章语言的准确性和严谨性。

【国　槐】

1. 采用了欲扬先抑的手法，先写国槐的样子不美丽，没有风度，反衬出了柔韧的特性和用处多的特点。

2. 所谓古槐，以百岁计，百岁以下就不算古槐了。

示例：我喜欢荐福寺的小雁塔南北院子那棵躯干有孔，如同窗户一样，仅靠着两侧薄皮相连而活下去的唐槐。因为这棵唐槐的生命力顽强，不但让我对它产生了敬畏之心，而且鼓励了我要勇敢面对困难，永不言弃。

第三辑　故国神游

【好　感】

1. 神态描写，语言描写；生动形象地写出了司机开始的惊讶和后来乐于帮助"我"的明确态度，表现了司机的善良、乐于助人。

2.（1）"滚烫"写出陌生兄长帮我补钱后，"我"内心的无限感动。

（2）"平静"写出陌生兄长帮我补钱后，他自然、平常的表现，突出他助人后不求回报的心理。

3. "增值"指"我"将好感赠予了别人。如："我"替妇女刷卡；"我"给乞丐零钱；"我"为弱者争辩；"我"给老者或残疾者让座。

4. "好感"是因人与人之间的帮助而产生的感激和愉悦之情；"好感"是净世暖心、养性滋仁的温馨氛围。

【石峁城的曙光】

1. ①这里是黄土高原与毛乌素沙漠的交界，既可以农耕，又可以游牧；②这里黄土丰厚，草木茂盛；③这里太阳普照，有深广的宁静；④逐水而居，生活方便，也利于防御。

2. 因为石峁城遗址是距今4300年前后到距今3800年前后的古城遗址，随着该遗址的发现和研究推进，中国历史也随之前推到距今4000多年。所以石峁城遗址可谓中国文明新的起源，如果将中华文明比作漫漫长夜，那么石峁城遗址便是这漫漫长夜的曙光，为中国历史研究开启了一扇新的大门，且该遗址位于黄河支流秃尾河流域，所以作者说"石峁遗址在黄河流域放射着中华文明的曙光"。

【咸阳宫】

1. 不能。因为"应该"在这里表示推测，即人们推测咸阳宫的位置可能是咸阳市渭城区窑店镇东北一带，如果去掉就太绝对了，与事实不符，不能体现文章语言的准确性和严谨性。

2. 沧桑来自沧海桑田，即大海变成了种桑树的田地，而种桑树的田又变成了大海，多形容世事变化非常大。这里写"我"看到"渭水漂移，秦岭逶迤"的景象有了"沧桑之情"，表现了"我"对世事变化大的感慨和对西安传统文化逐渐消失的遗憾心情。

【长乐宫】

1. 文章列举有关长乐宫的历史故事，说明长乐宫是汉朝历史的见证，具有极高的历史价值，为下文呼吁人们保护长乐宫遗址做铺垫。

2. 文章结尾引用何清谷的话，既起到了总结全文的作用，又呼吁人们保护好长乐宫遗址，保护好西安的文明古迹，突出文章主旨。

【大明宫】

1. 运用了列数字和摹状貌的说明方法，用"2614米""2256米"两个具体数字和楔形的描摹，生动形象地说明了大明宫的大小和形状。

2. 这首诗是王维为贾至的《早朝大明宫》写的和诗，诗歌采用场景渲染和细节描写，通过卫士送计时的晓筹突出宫廷的肃静，而百官所穿的"翠云裘"来展现百官有条不紊进宫的场景，营造了肃穆的氛围，再利用九重大门逐一打开，万国使节朝拜的场景突出早朝非凡的气势，彰显了大唐帝国的威仪，令人震撼。

【大慈恩寺】

1. 大慈恩寺是为文德皇后追福而筑的。出名原因：①是皇家寺庙；②玄奘在此设译场，影响甚大；③法相宗在此创立；④拥有名重四海的大雁塔。

2. 不可以。因为"登11级汉白玉台阶，又登11级汉白玉台阶"运用反复的手法，强调了汉白玉台阶数量之多，更能突出大慈恩寺的奢华。

3. 结尾写大雁塔名重四海是为了强调大雁塔的作用和名扬四海的情况，而大雁塔是大慈恩寺的代表建筑，因此间接突出了大慈恩寺的重要地位。

【小雁塔】

1. 小雁塔的"奇"表现：①经历了1487年的地震，塔摇而裂，不过未倒；②1555年的地震使塔身裂开，而1563年的地震又让裂缝重新复合。

2. 这句话采用对比的手法，使唐代时期荐福寺和小雁塔在磬音声中气派的景象与如今的萧瑟、寂寥形成鲜明的对比，体现了世事的变迁和"我"的落寞心情。

【城墙赏月夜】

1. "款待"是亲切而优厚地招待，这里写赏月亲切而优厚的招待灵魂，突出了赏月时心灵被洗涤，拥有美好感受的体会，体现了作者对城墙赏月的喜爱之情。

2. ①城墙赏月，使赏月生活化，日常化了；②赏月是一种追问，是问天，问宇宙，问遥远，城墙赏月也可以追问；③城墙赏月，脚下有历史，四边有人类，可以看西安丰富的景物，身处闹市，可避哄哄乎名利之扰；④艺术的生活可以款待灵魂，为生活增加情调。

第四辑　至情世界

【合欢树】

1.（1）运用比喻的修辞手法，将合欢花比作飞霞，生动形象地写出了合欢花绯红、轻盈的特点，体现了"我"对合欢花的喜爱之情。这句话起到了开篇点题，引出下文的作用。

（2）描写回忆中合欢树周围的情景，营造了温馨的氛围，反衬出合欢树被砍伐，亲人也一个个离去后悲伤的心情。

2.升华主旨，从合欢树寄托着"我"对亲人的怀念之情升华到农耕文明的消失，表达了作者对城市化进程破坏农耕文明的痛惜之情，令人深思。

3.示例："合欢树"是文章的线索，贯穿全文，见证了作者小时候的生活、家乡的变迁和亲人的离去，同时也代表着农耕文明逐渐消失的现象，表达了作者对家乡、亲人深切的怀念和对农耕文明消失的痛惜之情。

【嫁　女】

1.将"我"与姐妹的关系与祖父辈、父辈与姐妹间的关系进行比较，突出了"我"与姐妹关系的疏远，体现了城市化过程中，人们日渐疏远的亲戚关系，表达了"我"的遗憾、无奈和难过之情。

2.文章由自己嫁女的事情引发"女大当嫁,人类遂得以生息和繁盛"的观点,接着写祖父的姐妹和父亲的姐妹的婚嫁情况,说明女性为人类延续和发展做出了贡献,然后写自己嫁女的隆重仪式和对女儿的期望,强调女性对人类生命延续的重要性。文章以小见大,主题深刻,令人深思。

【母亲的意象】

1.①母亲是俊秀的、白皙的;是进取的、劳苦的;是忍让的、慷慨的;是敏捷的、坚毅的;是喜悦的、仁慈的。②她非常自尊,即使万难也要自力。③母亲对长辈非常孝顺,心地善良。④母亲勇敢无畏。⑤镇定、乐观、坚强、坚韧、聪慧。⑥她是睿智的、通明的,生命感觉颇为敏锐。

2.(1)运用语言描写,写母亲说不能提动水壶的话,突出了母亲身体变差的情况,体现了母亲无奈的心情。

(2)运用动作描写,写母亲拿布条缠住刀片的一半,左手握之,以刀片的另一半切的动作,将母亲艰难切菜的样子刻画得栩栩如生,令人心疼,同时也突出了母亲的坚韧、聪慧的形象特点,给读者留下了深刻的印象。

(3)运用语言描写,描写"我"对妻子说的话,体现了"我"对母亲的依恋和深沉的爱,情感真挚,感人肺腑。

3.示例:文中的母亲对作者的爱平凡而深沉,比如母亲为作者带凉皮到西安的举动,非常令我感动,这让我想起了我的母亲,她也总是默默无闻地为我付出,用看似平凡的举动来关爱我,作为子女我们要多体谅父母,关爱父母。

【告　别】

1.（1）采用第二人称"您"，便于直接抒情，表达了"我"对父亲不舍的心情。

（2）"这个世界"是人活着的时候所处的空间；"另一个世界"是作者想象的人死后灵魂所去的地方，这是自我安慰，体现了"我"乐观的心态。

2.将父亲比作一棵被伐倒但能反复发芽的老树，生动形象地展现了父亲与病魔战斗的过程，展现了父亲顽强的意志力，体现了"我"对父亲的敬佩之情。

【启蒙老师】

1.启蒙老师就是指最初给你暗示鼓励的人或物，她的暗示帮你提升不少高度，让你知道如何更好的走下去。引导你认识一个新的事物或观点。因为这三位老师在我的成长阶段有着不一样的帮助，所以他们都是我的启蒙老师，故以"启蒙老师"为题。

2.睨视在这篇文章的意思是指斜视、旁观。用睨视一词表达作者认识到自己在课间混闹的行为是不对的，好像老师在旁边看着，可见老师在作者心中是如此畏惧。

【陈忠实的挎包】

1.示例：①这是陈忠实随身携带的物品，给人留下了深刻印象；②黑皮包展现了陈忠实朴素、节俭的生活作风；③黑皮包具有实用性，突出了陈忠实务实的精神；④当大多数人都不再提包的情况下，陈忠实依旧提包，突出了其不随波逐流，保持自我的性格，体现了作者对其的钦佩之情。

2. 这句话的意思是陈忠实在绝大多数人不再带包的情况下，他依然提着自己的挎包，并不被周围人所影响，展现了陈忠实不随波逐流，保持自我行事风格的形象。

3. 不能。因为"嗬嗬"与"呵呵"的意思虽然相近，但更能体现愉快高兴的样子，不会有冷笑的意味，这里用来形容陈忠实的笑，更突出了其开朗、亲切的形象特点，体现了作者用词的准确性。

【苦难与智慧】

1. ①史铁生以见证死来研究死，使自己凌驾于死之上，从而潇洒地生；②他使灵魂扔掉了庸常的累赘，变得澄明，充满了人之为人的纯洁。③史铁生完全理解了母亲，也对母亲产生了一些负疚和懊悔，并深沉地纪念着母亲。④史铁生把对母亲的感情，扩而大之为对万物的感情，而这则恰恰是一种智慧。

2. ①"我"喜欢史铁生的作品；②史铁生的作品让"我"看到了他克服苦难，凌驾于死亡之上的过程，引起了"我"的情感共鸣和敬佩之情。

3. 把苦难比作大海，生动形象地写出了人陷入苦难中，奋力挣扎，难以摆脱的压抑与无奈心情，并且列举一些人在苦难中崩溃采取极端行为的例子，反衬了史铁生的顽强精神。

第五辑　在文化中生活

【社　火】

1.侦探"情报"；根据往年的题材和当年的形势，聚智囊于一室，分析对方，制定自己的策略。

2.西安社火的发展史；要社火前的准备工作；东西村社火竞技（比赛）；社火竞技（比赛）的意义。

3.D

【尧头镇】

1.尧头窑遗址。表达了作者对传统文化的怀念和对非物质文化遗产继承者的敬意。

2.（1）大约是大概、可能的意思，这里表示推测，即那30余座老窑可能就散落在沟底壑间，这是作者的猜测，体现了文章语言的准确性和严谨性。

（2）几近是差不多的意思，限定了程度，即这座老窑差不多保持着完整，但也有一定程度上的破坏，体现了文章语言的准确性和严谨性。

3.运用举例子的说明方法，以缸、盆、罐、瓶、碗、盏、托等为例子，生动形象地说明了尧头窑烧制的产品与民生紧密相关，突出了尧头窑对百姓生活的重要作用。

【过　年】

1.按照时间顺序，主要写了从除夕到初五人们的活动。

2.从视觉、听觉、嗅觉等多种角度来写除夕夜热闹的场景，体现出欢乐的气氛。

3.文章详写在故乡过年的种种习俗、活动，体现了热闹、温馨和欢乐，表达了作者对故乡过年传统习俗、活动的追忆、怀念，而结尾写少陵原祖屋祖坟被铲平，则体现了"我"的伤感。

【压岁钱】

1.①使过年更有趣味；②代表着父母的教导和期望；③家长给的安全感、归属感和温馨感；④家长可以通过压岁钱使孩子得到这样的启示：爱和劳动的重要；⑤传递亲情，代表长辈对晚辈深厚的爱。

2.采用反讽的手法，所谓的"高尚人士"根本不懂压岁钱对于孩子的意义，只是自作聪明地提出"以书代之"的主张，表达了作者对这种人的鄙视和厌恶之情。

3."磨得发薄发软"说明这二角钱在二舅身上揣了很久，二舅舍不得花，所以磨旧了；"热的""带着二舅的体温"这是传递了二舅对"我"的爱；"麦壳"表明这钱是通过二舅艰苦的劳动获得的。所以"我"非常珍惜，也把亲人们对"我"的爱化作了奋斗的动力，而这也正是压岁钱的意义所在。

【中秋节】

1.祖父作礼祭月；母亲烙月饼；母亲给父亲留下团圆馍的一角；母亲用月饼上供。

2. 母亲把给父亲留下的团圆馍悬挂起来避免孩子们偷吃的行为实际上体现了母亲对父亲的牵挂和惦记，展现了浓浓的亲情。

3. ①唐玄宗进广寒宫，见宫娥，闻仙乐而作霓裳羽衣曲的神话传说；②唐玄宗为和杨贵妃一起赏月命人筑赏月台；③唐僖宗下诏御膳房用红绫包月饼送给进士；④嫦娥奔月，蟾蜍变玉兔，或吴刚伐桂，朱元璋以月饼递送起义情报；⑤苏东坡创作《水调歌头·明月几时有》的故事。

【戏 迷】

1. 因为秦腔自乐班不像秦腔剧团是有组织的，也不像秦腔茶苑是要营利的。秦腔自乐班完全是一个自主自愿的处于自然状态的审美联合体，这才是名副其实的戏迷。

2. 连续列举了西安府官员用秦腔向慈禧上贡、鲁迅考察秦腔剧团、西安人携秦腔到中南海献礼三个事例，有力地突出了秦腔是西安文化的品牌，是西安艺术的精华，为下文写秦腔逐渐消亡，表达自己的遗憾之情做铺垫。

3. 所谓"戏迷"，指的是喜欢看戏或者爱唱戏并且入迷的人，文章写秦腔戏迷如同茶的余香一样用自己的行动去坚守秦腔艺术，使得曾经的艺术精华得以保留并延续下来，表达了作者对戏迷们坚守传统戏曲精神的敬佩之情。

【长安荠菜】

1. ①可以食用；②荠菜有数种食法；③生长区域广泛；④荠菜含有一定的文化意义；⑤花、果皆可药用，有凉血止血的功能。

2. "不感觉荠菜之香"一方面是因为现在的荠菜是人工培植的，化肥的影响使荠菜失去了原本的鲜美，另一方面是因为小时候挖野菜充满趣味，现在的野菜是买来的，缺少了这种野趣。

3. "我"对荠菜充满敬意是因为它生存能力强，生长区域广泛，且引发了很多文人墨客对其的描写，具有一定的文化意义。

— 中高考热点作家 —

中考热点作家

序 号	作 者	作 品
1	蒋建伟	水墨色的麦浪
2	刘成章	安塞腰鼓
3	彭 程	招 手
4	秦 岭	从时光里归来
5	沈俊峰	让时光朴素
6	杜卫东	明天不封阳台
7	王若冰	山水课
8	杨文丰	自然课堂——科学视角与绿色之美
9	张行健	阳光切入麦穗
10	张庆和	峭壁上，那棵酸枣树

高考热点作家

序 号	作 者	作 品
1	王剑冰	绝版的周庄
2	高亚平	躲在季节里的村庄
3	乔忠延	春色第一枝
4	王必胜	写好你心中的风景
5	薛林荣	西魏的微笑
6	杨海蒂	北面山河
7	杨献平	人生如梦，有爱同行
8	朱 鸿	辋川尚静